Manfred Kurz / Rezzo Schlauch

Die neue Ess-Klasse

Manfred Kurz / Rezzo Schlauch

Die neue Ess-Klasse

Kreativ kochen,
bewusst genießen

Swiridoff
Verlag

Inhalt

Die Küche als Politikum

Gerhard Schröder

Rezzo Schlauch, dessen Qualifikation als »überlegter Genussmensch« ich bezeugen kann, hat mit Manfred Kurz ein Koch- und Lebensmittelbuch geschrieben. Dass sie es nicht bei einer bloßen Rezeptsammlung belassen haben, sondern eine kenntnisreiche Einführung in die Dialektik von Landwirtschaft und Küche am Beispiel der Geschichte von Hohenlohe vorlegen, war angesichts des Werdegangs der Autoren zu erwarten und ist erfreulich.

Ebenso erfreulich finde ich, dass sich einmal mehr zwei Männer an das Thema »Küche« wagen. Die These, es seien Frauen, die »an den Herd« gehörten, ist genauso überholt wie die Vorstellung, es seien allenfalls die Gattinnen von Politikern, die sich mit Kochbüchern hervorwagen sollten. Manche Küchenchefs und Autoren behaupten ja längst, es seien eigentlich die Männer, die in die Küche gehören. Zu diesen Männern gehöre ich nicht, leider, ich kann nur leidlich gut kochen. Aber ich gebe zu, dass ich mir das Motto aus Brechts *Leben des Galilei* gern zu Eigen mache: »Zu einem alten Wein oder einem neuen Gedanken könnte er nicht nein sagen.«

Wenn Politiker sich so offen zum Genuss bekennen, geraten sie schnell in den berühmten »Hedonismus-Verdacht« - siehe »Toskana-Fraktion«. Das stimmt so nicht, und zwar nicht nur, weil Rezzo Schlauch und Manfred Kurz sich ausdrücklich nicht mit toskanischer, sondern mit deutscher Regionalküche beschäftigen. Wer den politischen Betrieb kennt, weiß um die Bedeutung des gemeinsamen Essens zur Herbeiführung von Entscheidungen oder zur Erörterung von Strategien.

Wahrscheinlich sind am Esstisch mehr wegweisende politische Beschlüsse gefasst worden als auf internationalen

Konferenzen; in manchen Zusammenhängen spricht man sogar von »Küchenkabinetten«: So etwas, darauf lege ich wert, gibt es bei mir nicht, auch nicht mit Rezzo Schlauch.

Doch die Parallelen zwischen dem Handwerk des Kochens und dem der Politik reichen viel weiter. Mit Müßiggang kommt man auf beiden Gebieten ebenso wenig voran wie mit übertriebener Hetze. Das richtige »Timing« ist in der Küche wie in der Politik das Entscheidende. Vor allem lässt sich weder in der Küche noch in der Politik auf Dauer mit Schummeln oder Tricksereien etwas erreichen: Eine hoch tönende Speisekarte, die Grünzeug »auf Balsamicobett an Traubenkernöldressing« verspricht, täuscht nicht darüber hinweg, dass der Salat vielleicht welk und in Sauce ersoffen ist. Und ein »Aktionsprogramm zur Förderung von Familie und Gesellschaft«, das viele schöne Sätze und unbezahlbare Forderungen enthält, ersetzt nicht die reale Schaffung von Bedingungen für eine kinderfreundliche Gesellschaft. Beim Essen wie in der Politik gilt die Regel: Wo »knusprig gebraten« draufsteht, muss noch lange nicht »knusprig gebraten« drin sein. Köche müssen genauso wie Politiker an ihren Taten gemessen werden.

Nicht nur bei den zu vermeidenden Fehlern hat Kochen sehr viel mit guter Politik gemein. Kreative Küche ist immer auch eine gelungene Mischung aus Bewährtem und Innovation; aus dem Zusammenfügen bester Zutaten und Verfahren und der Suche nach dem besten Zusammenspiel. Überraschende Kombinationen sind ausdrücklich erlaubt und machen erst den wahren Meister aus. Das ist in der Politik kein bisschen anders.

Schließlich: Ideologische Verbohrtheit führt weder in der Küche noch in der Politik zu guten Ergebnissen. Wer glaubt, wahre Gaumenfreuden ließen sich durch ausnehmend teure Speisen erreichen, der irrt genauso wie derjenige, der propagiert, es ließe sich ausschließlich mit - oder, je nach Blickwinkel: ohne - Zugabe von Fleisch gesund und genussreich leben.

Misstraue denen, die »perfekte« Rezepte zu haben behaupten, ist zwar ein schlechtes Motto für ein Kochbuch, aber es ist trotzdem richtig. Ein gutes Kochbuch, und so eins ist dieses, regt zum »Weiterentwickeln« an.

Schließlich: Politik und Küche haben mit Nachhaltigkeit zu tun. In meiner Kindheit war es gar nicht vorstellbar, etwas zu kochen, dessen Reste sich nicht weiterverwerten ließen. Dann kam der Wohlstand, und manche dachten, der wahre Genießer zeichne sich dadurch aus, dass er vom Spargel nur die Köpfe isst und den Rest wegwirft – anstatt daraus, wenn schon, eine vorzügliche Suppe zu kochen. Die großen Köche haben uns an die Traditionen unserer Mütter erinnert: Keine Tüte enthält eine so gute Bratensauce, wie sie aus dem Bratenknochen herzustellen ist. Oder, wie es bei Wilhelm Busch heißt: »Wovon er besonders schwärmt/wenn es wieder aufgewärmt.« Will sagen: Auch politische Ideen müssen manchmal eine Zeit lang »ziehen« wie ein guter Rotkohl – den Rezzo Schlauch vermutlich »Rotkraut« nennt, allenfalls noch »Blaukraut«. Ein »Schwarzkraut« wird nie daraus.

Wer gern isst, und erst recht: Wer gern kocht, weiß um die entscheidende Bedeutung der Zutaten. Und das gilt keineswegs nur für das so genannte »feine Essen«. Doch gerade was die Zutaten angeht, sind die Menschen in der Vergangenheit sehr verunsichert worden. Es war deshalb entscheidend, dass wir weggekommen sind von einer Politik, die nur akzeptiert, was große Lobbys den Verbrauchern anbieten – hin zu einer Agrar- und Verbraucherpolitik, die »von der Ladentheke her« denkt. Auch das gilt weit über die Küche hinaus. Die besten Köchinnen und Köche werden scheitern, wenn sie nicht die Menschen im Mittelpunkt ihres Interesses haben, die ihre Köstlichkeiten essen sollen. Exakt so verstehe ich auch die Aufgabe von Politik: Sie soll, von den Zutaten bis zur Zubereitung, das Beste nehmen, um für ihre »Kundschaft« das Beste zu erreichen. Und zwar rundum, von der Vorspeise alias Vorschule bis zum Dessert, einem sicheren, gerecht finanzierten und genussvollen Rentenalter.

»Was Du tust, das tue besonnen!«

Joschka Fischer

Bild oben: Joschka vorne mit den drei Brüdern Roland, Eberhard und Martin Straub (von links) vor dem Haus Cailloud am Bettelweg, in dem die Familien Fischer und Straub wohnten.

Bild rechts: Das Bild wurde an der Herrenmühle in Bächlingen im Frühjahr 1954 bei einem Ausflug zum Waldhaus/Richtung Tierberg aufgenommen. Zu sehen sind Else Straub, Frau Bauer (Rosswirtin), Joschka (mit Mütze und Mantel) sowie wieder (von links) Martin, Roland und Eberhard Straub.

Dieser Satz steht auf der ersten Seite des Rezeptbuches des Konditors Wibel, dem wir die Langenburger Wibele, ein Biskuit-Gebäck, verdanken. Es dürfte wohl übertrieben sein zu behaupten, der Genuss von Wibele habe in meiner Kindheit dazu geführt, dass sich der Leitspruch des über 200 Jahre alten Rezeptes – zumal mit einer gewissen Verzögerung – in mir entfaltete. Doch Rezzo Schlauchs Vater ist zuzustimmen, wenn er schreibt: »Sie könnten in Wien erfunden und in Paris hergestellt sein, soviel Charm und Esprit haben sie als Backwerk.« Jedenfalls könnten sie dazu beigetragen haben, dass ich Genuss und Qualität frühzeitig schätzen lernte.

Ich erinnere mich gern an meine Langenburger Zeit, auch wenn sie nur sechs Jahre dauerte. Zum Beispiel war es so, dass wir als Kinder von Langenburg mit dem Schlitten runter ins Tal nach Bächlingen fahren konnten. Die Bächlinger behaupteten immer, dass es ihre Bahn sei – wir Langenburger sagten, die Bahn gehöre dem, bei dem sie anfängt, und nicht, bei wem sie endet. Es ist nur ein Gerücht, dass der Bächlinger Rezzo und ich uns damals gekabbelt hätten, wir kannten uns nicht einmal, aber wahr ist, dass wir beide gerne mit anderen Schlitten gefahren sind und dass wir als Kinder im Sommer immer in der Jagst schwimmen waren. Rezzo sagt heute scherzhaft, seine erste Form des »zivilen Ungehorsams« sei es gewesen, die amerikanischen Panzer vorbeifahren zu lassen, obwohl man wusste, dass der M 48 am Langenburger Tor stecken bleiben würde. Wahr ist, dass wir als Kinder tatsächlich gerne zum Tor gerannt sind, um uns dieses »beeindruckende Schauspiel« anzusehen... Die ländliche Umgebung war in jedem Fall eine kinderfreundliche Umgebung.

1955 verließen wir das protestantische Hohenlohe und zogen ins katholische Oeffingen, in der Nähe von Stuttgart. Als ich später Rezzo kennen lernte, habe ich mich gefragt, welche Verbindungen es zwischen uns gibt. Neben der Prägung durch die Region ist es wohl die Tatsache, dass wir beide starke Mütter hatten bzw. haben, denen die jeweilige Kirche wichtig ist. Rezzo hat seiner Mutter und der evangelischen Kirche ja sogar seinen Namen zu verdanken: Der schon eingangs zitierte Heimatdichter und Pastor Rudolf Schlauch war Pfarrer in Bächlingen. Und in dieser Kirche steht noch heute ein steinerner Ritter mit dem Namen Rezzo von Bächlingen – ein Geschlecht von Anfang des 14. Jahrhunderts. Irgendwie war Rezzos Mutter von der Statue angetan, und so kam er zu seinem Markennamen. Die Bächlinger Kirche übrigens gehörte zum Herrschaftsbereich von Langenburg – um wieder auf den alten Unterschied zurückzukommen, der noch heute die Kinder der beiden Dörfer beschäftigt.

Wenn ich an meine Kindheit zurückdenke und daran, was die Herausgeber mit diesem Buch beabsichtigen, nämlich mit Spaß und Freude am Genuss neugierig auf hochwertiges und natürliches Essen zu machen, dann kommt mir vor allem ein Bild vor Augen: Heutzutage dauert es um die 30 Tage, bis ein Gockel auf dem Teller landet. Früher waren es 3 Monate, die der Geiger – wie es in Hohenlohe hieß – auf dem Bauernhof umherlief. Im Ergebnis war er dann aber auch so groß, dass eine fünfköpfige Familie davon satt werden konnte. Heute indes hat die technisierte Produktion von Ernährungsgütern so zugenommen, dass Geschmack, Qualität, Gesundheit und übrigens auch der direkte Kontakt der Konsumenten zur Landwirtschaft verloren gegangen sind. Nicht erst seit, aber verstärkt durch BSE erleben wir eine gewachsene Sensibilität für die Umwelt und einen ausgeprägten Wunsch nach besserer Qualität der Nahrungsmittel.

Was habe ich nicht alles gehört, als ich mich entschieden habe, stärker auf die Qualität meiner Nahrung und damit meines Lebens zu achten. Besonders hinreißend war immer die Aussage, dass ich meinen Humor proportional zu meinem Gewicht verloren hätte. Aber ich kann allen verraten: Wer gut genießt, hat mehr Freude im Leben. Oder anders gesagt: Bedenkenlos genießen kann ich nur, wenn ich weiß, wo mein Essen herkommt.

Wer weiß heute schon, dass Erzeugung, Verarbeitung, Transport und Zubereitung unserer Lebensmittel etwa 20 Prozent der in Deutschland genutzten Primärenergie verschlingen. Etwa vier Fünftel davon werden für die Nahrungsmittelerzeugung, -verarbeitung und -vermarktung verwendet. Unsere Ernährung ist deshalb erheblich am Ausstoß klimabelastender Treibhausgase beteiligt.

Die Botschaft ist so banal wie wahr: Ökologischer Landbau belastet die Umwelt weniger als konventioneller Landbau, und wer den Anteil tierischer Lebensmittel reduziert, tut etwas für die Umwelt. Wer schließlich regionale und saisonale Produkte bevorzugt, sorgt für einen verminderten Energie- und Rohstoffverbrauch und hat mehr Spaß am Essen. Manfred Kurz und Rezzo Schlauch zeigen uns, wie natur- und regionalbezogenes Handeln in der Küche zu einer Steigerung von Lust, Qualität und Freude führen kann. So verstanden bringt uns »die neue Ess-Klasse« den Geschmack des Essens wieder näher.

Warum dieses Buch?

Manfred Kurz / Rezzo Schlauch

Der Weg nach Hohenlohe ist leicht zu finden, doch nicht alle wissen, dass die Region Hohenlohe im Nordosten Baden-Württembergs liegt. Das Kerngebiet erstreckt sich über die Landkreise Schwäbisch Hall und den Hohenlohekreis. Aber Bewohnerinnen und Bewohner angrenzender Landkreise fühlen sich zum Teil auch dem Kulturraum Hohenlohe verbunden.

Weil wir oft nach einem vorzüglichen Essen bei einem guten Glas Rotwein zusammensaßen und darüber sinnierten, dass Hohenlohe ein Flecken Erde ist, der alle Ressourcen für ein gutes Leben bietet. Oft haben wir auch Gäste und Freunde dabei, die nach einem Tag Hohenlohe auch von weiter her wiedergekommen sind, um die Landschaft, die Rudolf Schlauch »seelisches Naturschutzgebiet« nannte, und das gute Leben zu genießen.

Gutes Leben nicht im Sinne von dolce far niente und Luxus, sondern gutes Leben, verbunden mit engagierter Arbeit im Betrieb, auf dem Bauernhof, in der Küche, in der Politik, aber Leben mit Raum auch für gutes Essen, gutes Trinken, Muße, Genuss und Freiheit, die sich nicht vor der Glotze erschöpft.

Hohenlohe ist historisch und kulturell ein reicher Landstrich, mit einer langen, bis in die Gegenwart hineinreichenden bäuerlichen Tradition in der Erzeugung hochwertiger tierischer und pflanzlicher Nahrungsmittel, die den Grundstock dafür bildet, dass Essen nicht auf den Akt der Nahrungsaufnahme beschränkt bleibt, sondern Teil der Kultur, Teil der unverwechselbaren Identität der Region und wichtiger Teil der Lebensqualität ist.

Hohenlohe birgt eine Fülle von Geschichte und Geschichten, von Kunst und Kultur, Märchen und Legenden. Die Spanne reicht vom mehr als 3000 Jahre alten Ringwall der Bronzezeit bei Aschhausen bis zu den beiden Museen für moderne Kunst der Firma Würth: dem Museum in Künzelsau und der Kunsthalle in Schwäbisch Hall. Dazwischen finden wir keltische Siedlungsreste, den Limes, die Grenze des römischen Imperiums, der diesen Landstrich auf einer Länge von achtzig Kilometern schnurgerade durchzog, gesäumt von Kastellen und Wachtürmen, deren Reste noch sichtbar sind. In Unterregenbach im Jagsttal stand zur Zeit der salischen Kaiser eine vierzig Meter lange, dreischiffige Basilika, als das »Geheimnis von Unterregenbach« bezeichnet, da die Hintergründe ihrer Baugeschichte noch immer nicht zur Gänze erforscht sind. In stillen Seitentälern sind, oft legendenumwoben, Burgruinen verborgen, die bestenfalls den Bewohnern der Umgebung und dem Landesdenkmalamt bekannt sind.

Viel gäbe es zu erzählen, Geschichte und Geschichten, oder »Gschichtlich«, wie es im Hohenloher Dialekt, einer Spielart des Fränkischen, heißt. Über einen Grafen von Hohenlohe, der Minnesänger, und über einen Fürsten, der ein bekannter Alchemist war. Über den Kupferzeller Pfarrer Meyer, der die Hohenloher Landwirtschaft revolutionierte, und über die Philosophen Weber und Schlötzer, in ihrer Zeit in ganz Deutschland viel gelesene und geachtete Gelehrte. Der junge Beethoven wäre zu erwähnen, der mit der Hofkapelle in Mergentheim bratschte, und Johann Heinrich Bach, ein Neffe des großen Bach, der dreißig Jahre lang Stiftskantor in Öhringen war; nicht zu vergessen der Pavillon im Schlossgarten zu Bartenstein, wo Mozarts *Zauberflöte* erstmals in Deutschland aufgeführt wurde. Auch Goethes Hohenloher Vorfahren mütterlicherseits wären ein interessantes Kapitel.

Wir haben den Ehrgeiz, mit diesem Buch mehr Menschen für die Zusammenhänge zwischen dem Geschmack des Essens und den damit verbundenen Erfahrungen vieler Generationen sensibel zu machen. Wir meinen, dass das Geheimnis guter Gerichte oftmals im Zusammenspiel von Kreativität und dem Rückgriff auf Erfahrungen liegt. Gutes entsteht nicht, wenn man immer alles neu erfinden will, sondern wenn man den Mut hat, sich zu Bewährtem zu bekennen und notwendige Erneuerungen trotzdem durchzusetzen.

Wir verwirklichen dies beide schon in unserem beruflichen Umfeld, der eine in der Küche seines über die Grenzen hinaus bekannten Gasthofes »Zum Hirschen« in Blaufelden, der andere mit dem Vorantreiben der Agrarwende, deren Ziel es ist, Transparenz und Qualität bei der Produktion von Nahrungsmitteln als oberste Priorität vorzugeben und die Sackgasse der Industrialisierung der Landwirtschaft, deren Ergebnisse BSE, MKS usw. waren, zu durchbrechen. Es ist nicht nur BSE, und es sind nicht nur illegal zu Mastzwecken eingesetzte Antibiotika. Klärschlamm auf den Feldern, Dioxin in Eiern, quecksilberhaltige Fische, Puten, die mit ihren überzüchteten Brustmuskeln vornüber kippen, hormongespritzte Kälber – die mediale Halbwertzeit dieser Skandale ist leider so gering, dass ein Skandal den nächsten vergessen macht. In einem konventionellen Schweinemastbetrieb ist die prophylaktische Antibiotikagabe in den ersten Wochen nach der Aufstallung der neuen Ferkel zu oft noch die Regel. Doch Antibiotika gehören in die Apotheke und nicht in die Tiere.

Es muss nicht gleich so weit kommen wie im 19. Jahrhundert, dass das in der Region gezüchtete Bœuf de Hohenlohe zum Markenzeichen der Feinschmeckerküche von Straßburg und Paris wird.

Aber alle Akteure, Bauern, Metzger und Bäcker, Köche und qualitätsbewusste Esser und Genießer sollten den Ehrgeiz haben, das WAS und WIE in Hohenlohe produziert, verarbeitet und hier

und anderswo gekocht wird, zum Aushängeschild dieser Region zu machen, so wie es schon mit der Wiedererweckung und erfolgreichen Vermarktung des echten schwäbisch-hällischen Landschweines geglückt ist – dank einer vor kurzem neu formierten Gruppe von engagierten Bauern um den Landwirt Horlacher, der noch einen kleinen originalen Bestand dieser alten Schweinerasse pflegte. Es sind gerade solche Initiativen wie jene der Freien Erzeugergemeinschaft Schwäbisch Hall in Wolpertshausen, denen Lob und Unterstützung für ihre Anstrengung gebührt, zunächst einmal hervorragende Qualitäten zu erzeugen, bevor etwa ans Geldverdienen gedacht wird. Dies ist die richtige Reihenfolge; allein diese verspricht dauerhaftes unzweifelhaftes Renommee und ökonomische Substanz.

Die Reihe solcher Erzeugeranstrengungen ließe sich mühelos mit einer Liste der bäuerlichen Lieferanten des Blaufeldener »Hirschen« weiterführen, auf der neben weiteren diese Namen stehen:

- Familie Fischer, Langenburg-Atzenrod (Schafskäse)
- Familie Bischoff, Unteraspach (Ziegenkäse)
- Herr Lang, Buch (Forellen)
- Familie von Wistinghausen, Mäusdorf (Gockel, Enten, Gänse)
- Familie Weber, Engelhardshausen (Salate, Getreide)
- Hohenlohe-Langenburg'sche Forstverwaltung (Reh, Wildschwein, Wildenten, Wildschweinwurst und Schinken)
- Hofgut und Bäckerei Hermersberg (Brot, Rindfleisch)
- Gärtnerei Amlishagen (Gemüse, Salate, Kräuter)
- Molkerei Schrozberg (Milchprodukte)
- Bauer Reinhard, Weikersholz (Schweinefleisch)
- Familie Retzbach, Naicha (Kalbsfleisch)
- Obstbrennerei Käppler, Füßbach (Schnäpse)
- Züchtervereinigung Limpurger Rind (Bœuf de Hohenlohe)

Diese beispielhaften Erzeuger haben – samt ihrer Ambition, Besseres zu leisten – mit dazu geführt, dass der Hawaiitoast und der geschmacklos frittierte Gummiadler schon weit gehend verbannt sind. Wir wollen die Sinne für die Vielfalt des Geschmacks noch weiter öffnen, so dass das Schnitzel, die Bauernbratwurst, die Grünkernsuppe oder spezifische, von der Jahreszeit abhängige Gerichte in der »Sonne« merkbar anders schmecken als im »Ochsen« und im »Löwen« anders als im »Hirschen« und zu Hause selbst zubereitet nochmals ganz anders schmecken, aber immer gut, immer eigenständig, nie 08/15.

So wie wir es im Übrigen selbstverständlich beim Wein erwarten und voraussetzen, dass ein Bocksbeutel-Silvaner aus Franken anders schmeckt als ein Silvaner aus dem Unterland.

Auch spricht es für Qualität, in Hohenlohe auf engstem Raum noch eigenständige kleine Brauereien zu haben, deren Biere einen eigenen Charakter besitzen im Gegensatz zu den bekannten Bieren, die von Hamburg bis New York alle gleich, und damit auch gleich langweilig schmecken.

Der Duft der großen weiten Welt – und das ist ein Widerspruch, der Sinn macht – verflüchtigt sich. Im Zeitalter der Globalisierung sind (wieder) der Geschmack und der Charakter der Region gefragt, und davon, glauben wir, hat Hohenlohe einiges zu bieten! Es ist der Reiz des nichtkopierbaren Terroirs, der uns antreibt und dessen Eigenständigkeit herauszustellen uns am Herzen liegt. Es ist der Boden, auf dem wir stehen und von dessen Früchten wir uns nähren, der bioenergetisch und bewusstseinsbildend mehr Einfluss auf uns nimmt, als es uns oftmals im Alltag gewahr wird. Es ist auch die Region, die uns in Wirklichkeit nie aus ihrer Bindung entlässt; lassen wir uns darauf ein und gewinnen wir ihr alle lebens- und liebenswerten Seiten ab, ob in Schleswig-Holstein, Sachsen, Umbrien oder der Provence, der kulturelle und der intellektuelle Profit daraus wird enorm sein.

Und wir sind uns völlig einig: Stimmt das Essen, stimmt auch die Politik (diese Verbindung ist nicht zwangsläufig); aber auf jeden Fall richtig – und das ist belegt –: Stimmt die Politik, stimmt das Essen!

FRÜHLING

1999 Sommerhäuser Steinbach	Aufgeschlagene Bärlauchsuppe
Riesling Kabinett trocken	Gratinierte Forelle
Weingut Schloß Sommerhausen	Rhabarberkompott im Vanillesud
1998 Fellbacher Lämmler	Brunnenkressesalat mit Brot
Spätburgunder trocken AAA	Geschmorte fränkische Zickleinschulter mit Fenchel
Weingut G. Aldinger, Fellbach	Joghurtmousse
1999 Bönnigheimer Sonnenberg	Lauwarmer Spargel in Limonenvinaigrette
*Weißburgunder trocken****	Ragoût von Morcheln und jungen Karotten mit verlorenem Ei
Weingut Ernst Dautel	Schaffrischkäse mit Löwenzahn

Aufgeschlagene Bärlauchsuppe

In den Wäldern wächst Bärlauch wild nur ganz kurze Zeit im Jahr, je nach Witterung von Mitte März bis Ende April. Bärlauch findet immer mehr Freunde, zu Recht; hält er doch ein kraftvolles Aroma parat, ohne die Schärfe des Knoblauchs zu besitzen. Dabei ist er vielfältig zu verwenden, z.B. als Gemüse, als Beimischung zum Salat oder einfach klein gehackt als Gewürz für Saucen oder im Kartoffelpüree.

6 Personen

300 g Bärlauch
0,5 l Fleischbrühe
0,5 l Sahne
3 Eigelbe
2 EL Butter
Salz, Pfeffer, Muskat

Die Bärlauchblätter gründlich waschen und in fingerbreite Streifen schneiden.

In einer Kasserolle Butter schmelzen lassen und bei mäßiger Hitze den Bärlauch darin wenden, bis er zusammenfällt. Mit Fleischbrühe auffüllen und einmal kurz aufkochen lassen. Alles mit dem Mixer fein mixen.

Sahne und Eigelbe mit einem Schneebesen sorgfältig darunter mischen und zusammen mit einem Esslöffel Butter unter ständigem Rühren bis zur Bindung erhitzen. Achtung: nicht kochen lassen, sonst gerinnt das Eigelb.

Mit Salz, weißem Pfeffer und Muskat abschmecken.

Gratinierte Forelle

Wir im »Hirschen« haben das Glück, einen prima Forellenlieferanten, Herrn Lang aus Buch, zur Stelle zu haben. Er zieht die Forellen nicht allein hinsichtlich des Futters nach unseren Wünschen auf, vielmehr lässt er die Fische auch mindestens 2 Jahre in bestem Quellwasser auswachsen, bis sie ihre stattliche Größe erreicht haben. So können wir stets auf vollfleischige und hocharomatische Forellen zurückgreifen. Falls Ihnen der Bezug solch großer Forellen nicht möglich ist, behelfen Sie sich einfach mit 2 oder 3 kleineren Fischen, die Garzeit verringert sich dann um ein Drittel.

4–6 Personen

1 Forelle von 800 bis 1.000 g Gewicht
1 Bund Kerbel - 1/2 Bund Dill
80 g Butter
80 g Semmelbrösel
3 dl trockener Weißwein
1 dl trockener Vermouth
200 g eiskalte Butter, in Würfel geschnitten
1 Schalotte
2 Knoblauchzehen
10 Pfefferkörner
Lorbeerblatt
Kerbelstiele
800 g junger Blattspinat (1. Schnitt)
Olivenöl oder Butter
Salz, weißer Pfeffer, Muskat

Die Forelle vom Rücken her vorsichtig auslösen, so dass die Mittelgräte mit einer Küchenschere an Kopf und Schwanz herausgeschnitten werden kann und die Filets an beiden Seiten zusammengehalten werden. Den Fisch von oben her ausnehmen, der Bauch bleibt geschlossen. Mit einer Schere die Kiemen herausschneiden und mit einer Pinzette die Gräten ziehen.

Die Filets mit Salz und wenig Pfeffer würzen. 80 g Butter schaumig rühren und abwechselnd fein geschnittene Dillspitzen, Kerbelblätter und Brösel darunter mischen. Mit Salz, Pfeffer und wenig Muskat würzen. Die Masse gleichmäßig auf die Fleischseite der Filets aufbringen und auf ein gebuttertes Backblech legen.

Im Ofen mit ausschließlich starker Oberhitze oder unter dem Grill 15 Minuten garen (gratinieren), bis sich eine goldbraune Kruste bildet.

In der Zwischenzeit den Weißwein, zusammen mit Vermouth, Pfefferkörnern, Lorbeerblatt, fein gehackter Schalotte und den übrig gebliebenen Kerbelstängeln auf ein Drittel seines Volumens einkochen und in eine Sauteuse passieren. Diese Reduktion erwärmen und nach und nach mit einem Schneebesen die kalten Butterstücke darunter schlagen, bis eine kremige Buttersauce (Sauce beurre blanc) entsteht. Mit Salz und einer winzigen Prise Zucker abschmecken.

Den gewaschenen und abgetropften Blattspinat, je nach Geschmack in mildem Olivenöl oder vorzugsweise in aufgeschäumter Butter, der zwei ungeschälte Knoblauchzehen zugegeben wurden, bei kräftiger Hitze schwenken, bis er zusammenfällt, mit Salz und Muskat würzen. Auf ein Küchensieb abschütten, damit überflüssiges Wasser abtropfen kann, auf einer Servierplatte flach anrichten und die Forelle im Ganzen darauf setzen. Die Buttersauce separat dazu servieren.

Rhabarberkompott im Vanillesud

Das Rhabarberkompott entfaltet sein Aroma am besten bei Zimmertemperatur, man sollte dazu allenfalls, wenn überhaupt, ein wenig Crème fraîche separat servieren

6 Personen

1.200 g Rhabarber, gewaschen, geschält und in 4 cm langen Stücken
0,5 l Wasser
0,5 l Weißwein (Malvasia, Traminer, Muskateller)
350 g Zucker
4 Vanilleschoten
Saft einer Zitrone

Wasser, Weißwein und Zitronensaft zusammen mit dem Zucker und den ausgeschabten Vanilleschoten aufkochen. Die Rhabarberstücke nebeneinander in einem flachen Gefäß ausbreiten, am besten eignet sich ein Backblech mit hohem Rand, und mit dem heißen Vanillesud übergießen. Im auf 160°C vorgeheizten Backofen zugedeckt 12 bis 15 Minuten garziehen und im Sud auskühlen lassen.

Brunnenkressesalat mit Brot

Brunnenkresse, ist sie erst einmal angemacht, darf nicht stehen, sie fällt rasch in sich zusammen. Der Salat lässt sich nicht auf Vorrat produzieren, er dankt's mit einem wunderbar herb-bitteren Geschmack, der einen schönen Kontrast zu dem krisp getrockneten Weißbrot eingeht.

6 Personen

300 g Brunnen- oder Wasserkresse
3 El Weißweinessig
9 El Sonnenblumenöl
1 Bund Schnittlauch
1 Bund Sauerampfer
Salz, Pfeffer, kleine Prise Zucker

6 Weißbrotscheiben, dünn geschnitten

Die Wurzeln der Kresse abschneiden – nicht die Stiele –, waschen und auf einem Küchentuch sorgfältig trocknen.

Aus Essig, Öl, Salz, Pfeffer und einer kleinen Prise Zucker mit dem Schneebesen eine kremige Marinade schlagen. Schnittlauch und fein geschnittenen Sauerampfer unter die Kresse mischen und mit der Marinade anmachen. Mit den Brotscheiben, die zuvor in Streifen geschnitten und im lauwarmen Ofen getrocknet wurden, garnieren und sofort servieren.

Geschmorte fränkische Zickleinschulter mit Fenchel

Milchzickleinbraten gehört in Franken einfach zur Osterzeit, wie andernorts das Milchlamm. Dies sind Traditionen, die fest im bäuerlichen Kalender vermerkt sind, der Bezug des Fleisches aus der Region ist daher kein Problem. Mag sein, dass in übrigen Landesteilen Zickleinfleisch am ehesten von griechischen oder türkischen Metzgereien geliefert werden kann.

Im »Hirschen« servieren wir zu der geschmorten Zickleinschulter luftig aufgeschlagenes Kartoffelpüree, das mit einem guten Schuss feinem Olivenöl und gehacktem Bärlauch gewürzt wird.

6 Personen

3 St. Schultern vom Milchzicklein am Knochen à ca. 600 g – 700 g
6 kleine Fenchelknollen
3 frische Gemüseknoblauchknollen
1 kl. Hand voll getrocknete Tomaten
6 El Olivenöl
10 Pfefferkörner
1 Lorbeerblatt
1 Thymianzweig
0,5 l Zickleinbrühe aus Abschnitten und Knochen gekocht
Salz, Pfeffer

Die Zickleinschulter rundum leicht salzen und pfeffern und in einer schweren Kasserolle in 3 El Olivenöl rundum anbraten, abdecken und in den auf 160°C vorgeheizten Backofen abgedeckt stellen. Die getrockneten Tomaten in 0,3 l Wasser einweichen und klein schneiden, nach 20 Minuten zusammen mit dem Einweichwasser an die Zickleinschultern gießen, die Gewürzkräuter zugeben und wiederum abgedeckt 30 Minuten weiterschmoren lassen. Den Deckel abnehmen und weitere 10 Minuten im Ofen garen lassen, bis sich eine leicht krustige Haut bildet.

Das Fleisch herausnehmen und die Sauce durch ein grobes Sieb passieren, dabei mit einem Löffelrücken die Rückstände der Tomaten und Gewürze gut auspressen. Die Zickleinbrühe dazugeben und die Flüssigkeit auf ein Drittel ihres Volumens reduzieren. Klein geschnittenes Fenchelkraut darunter schwenken und mit Salz und Pfeffer würzen.

Während die Sauce einkocht, bleibt Zeit, die Fenchelknollen zu halbieren und vom Strunk aus in dünne Scheiben zu schneiden, so dass sich vom Strunk zusammengehaltene Fächer bilden. Die Gemüseknoblauchknollen halbieren und mit der Schnittfläche nach unten in einer großen Pfanne in 3 El Olivenöl anbraten, wenden und die Fenchelfächer dazugeben. Leicht salzen und pfeffern, zugedeckt bei mittlerer Hitze 12 bis 15 Minuten schmoren lassen; dabei öfters wenden.

Das Zickleinfleisch von den Knochen ablösen, nochmals kurz unter dem Grill wärmen, in groben Scheiben auf dem geschmorten Fenchel anrichten und mit der Sauce umgießen.

Joghurtmousse

Diese einfach herzustellende Mousse kann entweder allein für sich serviert werden; sie eignet sich jedoch auch ganz besonders gut zum Kombinieren mit frischen Beeren oder Fruchtsaucen. Ganz nach Geschmack.

6 Personen

500 g Naturjoghurt
220 g Zucker
2 Vanilleschoten
4 Eigelbe
9 Blatt Gelatine
0,3 l geschlagene Sahne
4 cl Kirschwasser

Die Eigelbe zusammen mit dem Zucker und der ausgeschabten Vanille auf dem Wasserbad schaumig aufschlagen, bis eine kompakte Masse entstanden ist. Nach und nach den Naturjoghurt dazugeben.

In die eben noch lauwarme Masse die zuvor gut eingeweichten Gelatineblätter sorgfältig untermischen, bis sie sich vollständig aufgelöst haben. Kurz vor dem Steifwerden die geschlagene Sahne und das Kirschwasser unterheben und einige Stunden im Kühlschrank gut durchkühlen lassen.

Lauwarmer Spargel in Limonenvinaigrette

6 Personen

36 St. schöne, gleichmäßige Spargel
Saft von 2 Limonen
10 El Traubenkernöl
3 El Limonenöl
Kerbelzweige
Salz, Pfeffer, Zucker

Die Spargel sorgfältig schälen und die Enden großzügig abschneiden. In leicht gesalzenem Wasser zusammen mit einer ordentlichen Prise Zucker 12 Minuten kochen lassen. Aus dem Kochwasser nehmen und auf einem Holzbrett einige Minuten ausdampfen lassen.

Gleichmäßig auf vorgewärmten Tellern anrichten und mit der Marinade, gefertigt aus dem Limonensaft, Traubenkernöl und Limonenöl, gewürzt mit Salz, weißem Pfeffer und Zucker, einpinseln. Das Einpinseln noch zweimal wiederholen, so dass die Marinade langsam von dem Spargel aufgenommen wird. Großzügig mit Kerbelzweigen belegen und mit einem kleinen Hauch frisch gemahlenem weißem Pfeffer servieren.

Ragoût von Morcheln und jungen Karotten mit verlorenem Ei

Mit schöner Regelmäßigkeit finden wir auf der Wiese vor unserem Haus in Bächlingen von Mitte April bis Mitte Mai Morcheln. Für meine Kinder und mich eines der wunderbarsten Geschenke der Natur, ist die frische Morchel für uns doch der schönste Pilz überhaupt. Beim Spazierengehen im Frühling ein wenig die Wegränder beobachten lohnt also immer!

Morcheln besitzen ein unendlich nuancenreiches, feines und zartes Aroma, das leider keine Fehler verzeiht und sich etwa bei zu starker Hitze, zu langer Garzeit oder zu viel Salz sofort aus dem Staub macht. Besonders bei diesem Gericht gilt: Weniger ist mehr. Hält man sich daran, diesen Pilz äußerst schonend zu behandeln, wird man mit einem himmlischen kulinarischen Vergnügen belohnt. Es ist nur vordergründig flüchtig, die Erinnerung daran hält mindestens ein Jahr lang, bis es vielleicht wieder frische Morcheln zu finden gibt.

Dazu sollte allenfalls eine mehlige Kartoffel gegessen werden

6 Personen

500 g frische Morcheln
12 junge, wirklich kleine Karotten mit Grün
2 Schalotten, fein gewürfelt
120 g Butter
0,1 l Sahne
3 El Blattpetersilie, fein geschnitten
6 Eier
Salz, Pfeffer

Die Karotten schälen, je nach Größe halbieren oder besser ganz lassen, ein wenig Grün darf dranbleiben. Die Karotten zusammen mit der Butter und den Schalottenwürfeln zugedeckt bei milder Hitze im eigenen Saft 5 bis 6 Minuten dünsten lassen.

Die geputzten Morcheln – eventuell an den Füßchen sandige Erde entfernen – dazugeben und weitere 3 Minuten dünsten lassen. Die Morcheln und die Karotten herausnehmen und auf Suppentellern anrichten. Darauf werden die verlorenen Eier, die in leichtem Salzwasser mit einem kleinen Schuss Essig pochiert wurden, gesetzt.

Den entstandenen Saft mit der Sahne binden, die Petersilie dazugeben, mit wenig Salz und wenig Pfeffer würzen, die Sauce nochmals kurz aufkochen und über die Pilze und das pochierte Ei gießen.

Schaffrischkäse mit Löwenzahn

Dieser Käseteller stellt an den Koch keine andere Bedingung, als beste Rohstoffe zu verwenden. Der leicht bittere Löwenzahn geht zusammen mit dem säuerlichen Geschmack des Schaffrischkäse und dem fruchtigen Olivenöl eine wunderbare Verbindung ein. Als Abschluss eines leichten Frühlingsmenüs oder einfach mal so für Zwischendurch gedacht.

beliebige Personenzahl

Schaffrischkäse (Agrino, von Fam. Fischer aus Atzenrod)
junger Löwenzahn, der noch nicht getrieben hat
toskanisches Olivenöl Extra Vergine
grob gemahlener schwarzer Pfeffer

Den Schaffrischkäse in Scheiben schneiden, zusammen mit dem geputzten Löwenzahn auf Tellern anrichten, mit aromatisch-fruchtigem Olivenöl beträufeln und einen Hauch grob gemahlenen schwarzen Pfeffer darüber geben. Wer will, kann noch einige Tropfen Aceto Balsamico dazu nehmen.

Vom Geschmack des Essens: Von Hutzelbrot bis G'fillder Geiiger

Rezzo Schlauch

Rezzo, Bernulf und Ingaruth Schlauch in der Weinstube in Tramin.

Rezzo Schlauch vor dem Pfarrhaus in Bächlingen.

Landschaft und die darin lebenden Menschen gelten gemeinhin als die Charakteristika, die eine Region bestimmen. Schürft man etwas tiefer, kommen eingebettet in die vier Jahreszeiten drei wesentliche Sinnesempfindungen hinzu, die eine unverwechselbare Identität dieser Region ausmachen: Geräusche, Gerüche und der Geschmack des Essens.

Ist man noch die ersten 17 Jahre seines Lebens in einer bestimmten Region aufgewachsen, hat zu Studium und Beruf den nachfolgenden Lebensweg in den attraktiven Städten Freiburg, Heidelberg, Berlin und Stuttgart verbracht und doch die Wurzeln nicht ganz gekappt, fühlt man sich dort immer noch und immer wieder daheim. »Dort« ist in meinem Fall Langenburg/Bächlingen in Hohenlohe; Langenburg – das ehemalige Residenzstädtchen, mit dem auf der Bergnase dominierenden Renaissanceschloss der Fürsten zu Hohenlohe-Langenburg, die Heimat des wenig bekannten, aber lesenswerten »lachenden Philosophen« Carl Julius Weber[1] und der Langenburger Wibele, einem kleinen, feinen Biskuitgebäck des ehemaligen Hofkonditors Wibel. Bächlingen, das unterhalb von Langenburg im Jagstal gelegene Dorf, in dem ich aufgewachsen bin, mit dem steinernen Standbild des Ritters Rezzo in der Dorfkirche.

Mit den Geräuschen, beispielsweise dem Dengeln[2] der Sensen im Frühjahr, und den Gerüchen – ein aus mit Stroh eingestreutem Stall gewonnener »Festmist« riecht einfach völlig anders als Intensivgülle aus einem Stall mit Spaltenboden oder Mist aus Intensivputenhaltung, der schlichtweg bestialisch stinkt – könnte man die Vergangenheit aufleben lassen, was durchaus einer gesonderten Betrachtung wert wäre. Hier soll nur von der dritten, eine Region prägende Sinnesempfindung die Rede sein: vom Geschmack des Essens. Von dem Zusammenspiel dessen, was in der Region wächst und schwimmt, kreucht und fleucht, und dem Getier, wild oder kultiviert, in der entsprechenden Zubereitung.

Diese Erinnerung will ich knacken, da sie bis in die Gegenwart hineinragt und neue Bedeutung gewonnen hat, nicht zuletzt dank solcher Besessener wie Manfred Kurz, der, nachdem er seine Nase in die Spitzenkochtöpfe der Welt gesteckt hatte, in das Wirtshaus seiner Eltern, den Gasthof »Zum Hirschen«, nach Blaufelden zurückgekehrt ist. Seit bald einem Vierteljahrhundert, seit 1977, betreibt er es nun selbst.

Der Leitfaden für die Küche à la Hohenlohe, an dem ich mich mit meinen Erinnerungen an der alten hohenlohischen Bauernküche entlanghangele, manchmal ergänzt und variiert von meiner Mutter und gegenwärtigen Assoziationen, in der Auswahl zufällig und ohne Anspruch auf Vollständigkeit, dieser Leitfaden also sind die Jahreszeiten.

Naturgemäß karg an Frischzeug – der zuletzt aus dem Garten geerntete Endiviensalat wurde im Gewölbekeller in Sand gesteckt und hielt, wenn es gut ging, mit knackigem gelbem Herz und unbrauchbar gewordenen Deckblättern bis Weihnachten –, dafür aber reich gesegnet mit Kalorien ist: der WINTER.

Die Vorweihnachtszeit ist geprägt von Süßem, den Zuckerdoggelich[3] und meiner Lieblingsbäckerei, dem Hutzelbrot[4]. In jedem Haushalt wurden mehrere große Laibe aus Birnen- und Zwetschgenhutzeln (in der Darre getrocknete Zwetschgen- und Birnenschnitze), Mehl und Haselnüssen und – gut feucht gehalten mit Birnen- oder Zwetschgenschnaps – gebacken, die dann nach und nach bis weit nach Weihnachten gegessen wurden, am leckersten waren sie mit einem dünnen Butteraufstrich.

Dass das Essen bis in die vorweihnachtlichen Bräuche hinein eine wesentliche Rolle spielt, zeigen die Verse, die die Kinder am 6. Dezember vortragen, wenn sie von Haus zu Haus ziehen, um ihre mitgebrachten Säckchen füllen zu lassen:

Ou klopfer Hämmerle
s' Broat leit im Kämmerle
s' Messer leit denewe
sellscht mer ebbes geewe:
Epfel raus, Bire raus
gäh i in a anders Haus
anders Haus is g'schlosse
hat mi awer sou verdrosse

oder handfester:

Ou klopfer Ferscht
Im Schlot hänge'd Werscht
Laß die kloane hange
Und geb die groaße lange.

Nach Weihnachten, wenn wir oft auf der zugefrorenen Jagst kilometerweit Schlittschuh gefahren sind, kam mit dem Januar und Februar eine essensmäßig ergiebige Zeit, das waren die Monate, in denen vornehmlich die Hausschlachtungen stattfanden.

Diesbezüglich hatte ich besonderes Glück, da unser unmittelbarer Nachbar mit dem Hofnamen »Bernde Bauer« einer von zwei Hausmetzgern[5] im Dorf war und mich von Hof zu Hof auf seiner Schlachttour mitnahm. Mit ihm verbrachte ich das gesamte bäuerliche Jahr – vom Holen des ersten Grases, Distelstupfen, Steinelesen, Heumachen bis zum Einholen der Ernte, Lesen der Kartoffeln und Ernten der Rantschen

(Futterrüben). Als jungen Bub, trotz striktem Verbots mütterlicherseits, weihte mich dieser Bernde Bauer in die Geheimnisse des Mosttrinkens ein.

Die Sau, die bei der Schlachtung jeweils dran glauben musste, hatte einen Namen und war von der Bäuerin extra aufgezogen worden, meist ausschließlich mit Kartoffeln. Und im Laufe des Schlachttages wurden dann aus einem riesigen Kessel Kretbrühe, der mit Holz befeuert wurde, nach und nach die Deftigkeiten herausgeholt.

Als Erstes wurden die an einem Wurstbändel in der Brühe hängenden Nierchen heraufgezogen, in kleine Scheiben geschnitten, mit Pfeffer und Salz gewürzt. Dazu gab es ein von Hof zu Hof unterschiedlich schmeckendes frisches schwarzes Bauernbrot, eine Köstlichkeit, bei der mir heute noch das Wasser im Munde zusammenläuft.

Danach, zum ersten großen Vesper, zu dem sich dann die ganze Familie versammelte, die verschiedenen Stücke Kretfleisch (Kesselfleisch), Schweinsohren und -füße, Bauchfleisch, Innereien – auch kräftig gepfeffert und gesalzen, um, von Most und scharf gebranntem Schnaps kraftvoll begleitet, das in Überfluss vorhandene Fett so weit wie möglich zu neutralisieren.

Dann ging es an die eigentliche Arbeit: auf tischgroßen Holzbrettern oder gleich auf dem Küchentisch den Speck für die Blutwurst und die Schwarten für die Presswurst in Würfel schneiden, die Leber für die Leberwurst und das Fleisch für die Bratwurst durch den Fleischwolf treiben und die jeweilige Substanz aus riesigen Blechschüsseln in die gewaschenen Naturdärme und in Büchsen füllen. Die Würste dann nochmals in der Brühe kochen.

Und am Abend dann, gewissermaßen als krönender Abschluss, kam noch die Schlachtplatte mit Kretfleisch, mit fertiger Blut-, Leber-, Press- und Bratwurst und einem großen Topf Sauerkraut auf den Tisch.

Auch wenn sich das für die, die auf Deftiges vom Schwein stehen, gut anhört, der andere Teil der Wahrheit ist, dass das Ganze auch im wahrsten Sinne des Wortes eine Riesensauerei war. Die Waschküche, die Küche und die Bauernstube rochen mindestens noch eine Woche nach Schwein, das warme Fett war in allen Ritzen, und es ist keine Übertreibung zu erwähnen, dass diese Art von Schlachtfest das ein oder andere Mädchen zur Vegetarierin werden ließ.

Wenn dann die Schlacht geschlagen war, trugen die Kinder oder die Bäuerin selbst abends mit dem Milchkännle die Metzelsuppe mit einem Stück Kretfleisch in die Nachbarschaft und zum Lehrer, zum Pfarrer und zum Bürgermeister. Je nach Großzügigkeit und insbesondere je nach Beliebtheit des Empfängers fanden sich auch Blut- und Leberwürstle oder gar frische Koteletts darin.

Zu Hause gab es am nächsten Tag nochmals Metzelsuppe, allerdings als solche kaum mehr erkennbar, da meine Mutter sie mit Wintergemüse, gelben Rüben, Lauch und Sellerie zu einer Gemüsesuppe verfeinert hat.

Dann war's aber auch genug. Das Ganze ereignete sich vier- bis fünfmal rund um die Nachbarschaft, und trotz der massiven Konzentration dieser Art von Schlachtfesten bin ich nie auf den Gedanken gekommen, Vegetarier zu werden.

Leider sind solche Hausschlachtungen selten geworden. Einer meiner früheren Nachbarn hat allerdings treffsicher diese Marktlücke erkannt, in eine den Anforderungen entsprechende Schlachtküche auf seinem Hof investiert. Er vermarktet nun das Fleisch, alle Sorten Hausmacherwurst und selbst geräuchten Schinken mit wachsendem Erfolg als Direktvermarkter ab Hof, in großen Mengen nach Stuttgart und übers Internet (www.wilfried-bauer.de). Und wenn ich eine Hausschlachtung erwische, bin ich so gern wie früher dabei.

FRÜHLING

Frühling verbindet sich mit der Farbe GRÜN, und das erste GRÜN, das aus dem Garten die winterliche Küchentristesse der kalorienschweren Fleisch-, Kraut- und Kartoffelgerichte auflockert, sind die grünen Küchenkräuter.

Nicht dass man aus diesem Grünzeug Hauptmahlzeiten zubereiten kann, aber als Zutaten bringen sie Würze, Frische und Leichtigkeit in die Töpfe.

Als erstes der ersten grünen Kräuter sprießt der hellgrüne Kerbel, früher in fast jedem Garten vorhanden, aus dem Boden. Er kam bei uns zu Hause in Form einer leckeren gebrannten Kerbelsuppe auf den Tisch.

Ähnlich wurde mit Bärlauch verfahren, der im Wald, besonders oft an den schwer zugänglichen Hängen der Hohenloher Täler, dem so genannten Kleb zu finden ist. Mit seinem satten dunklen GRÜN, seinen breiten, glänzenden Blättern sticht er ins Auge. Diese Kräuter, lange Zeit vergessen, sind heute wieder, nicht zuletzt dank solcher Künstler wie Manfred Kurz, heimisch in den Gärten und Küchen und kitzeln als erste kulinarische Frühlingsboten unsere Gaumen. Die Bärlauchsuppe ist im Rezeptteil in einer leichteren und eleganteren Variante zu finden.

Als Beilage und Vorbote der Gartensalate war mein erstes Lieblingskraut, bei dem man das GRÜN unmittelbar schmeckt, die Kresse: würzig, bitter und frisch. Davon gab es bei uns im Garten immer mehrere buschige Reihen, und es wurde nie daran gespart. Angemacht mit einer leichten Sauce aus Öl und Essig, gemischt mit jungem Löwenzahn aus Streuobstwiesen und den ersten Radieschen war die Salatsaison eröffnet.

Nicht zu vergessen und nicht zu unterschätzen: der gemeine Schnittlauch. DER Grundbestandteil der Frühlingsküche, angefangen von einem schwarzen, krustigen Bauernbrot mit Butter und fingerdick Schnittlauch drauf.

Oder in Kombination mit Rühreiern der Anfang meiner eigenen Kochkünste, mit denen sicher nicht nur ich mich nach und nach unabhängig von Mutters Kochschürze gemacht habe.

Eier, hohenlohisch »Gaggelich«, waren immer im Haus, im Frühling zumal, da die Eierproduktion der selbstverständlich auf jedem Hof frei laufenden Hühner sprunghaft anstieg und durch das Grünfutter auch das Eigelb viel kräftiger wurde als das milchige Gelb der Wintereier. Eier, zubereitet in jeder denkbaren Form und zu jeder Tages- und Nachtzeit. Es war fast schon ein Ritual: Wenn wir spät nachts vom samstäglichen Sockehopf nach Hause kamen, gab's Rühreier mit Schnittlauch, und zwar so, dass der Schnittlauch in den geschlagenen Eiern stand. Ich habe sie am liebsten ganz leicht und luftig ausgebacken, so dass sie in der Konsistenz noch ein bisschen schlonzig waren, und das pfannenweise, bis alle satt waren.

Das war das probate Mittel, den Alkohol ein bisschen zu neutralisieren, dem Kater vorzubeugen und ein guter Vorwand, zu Hause noch nachzufeiern.

Wie gesagt, mit Eiern fing der Grundstock der Unabhängigkeit in Sachen Kochen an. Partyeier: Hart gekocht, in der Hälfte durchgeschnitten, das Eigelb rausgelöst, gemixt, mit Senf, Mayonnaise und Schnittlauch gewürzt, mit Pfeffer und Salz zu einer Paste zusammengemischt; damit wurden wieder die Eiweißhälften aufgefüllt, eine Sardelle oder Kapern drauf.

Verlorene Eier – in Senfsoße mit Kapern – und, nicht zu vergessen, Zuckereier, die einem bei den Riccione-Familien-Urlauben – in den späten Fünfzigern und frühen Sechzigern unvermeidlich – als verfeinertes Zabaione wieder über den Weg gelaufen sind.

Wenn der Frühling älter wurde und dann Richtung Frühsommer ging und erste Salate im Garten erntereif waren, zuerst der Schnittsalat, später die knackigen Kopfsalate, dann gab es einmal in der Woche Pfannkuchen (auch hier wurde an Eiern nicht gespart) und dazu riesige Keramikschüsseln voller Salat. Bei uns zu Hause zeichnete er sich dadurch aus, dass alle Küchenkräuter – Salatkräuter –, die der Garten hergab, unseren Salat unverkennbar machten. Schnittlauch, Zitronenmelisse, Borretsch, Dill und Pimpernell, damit wird jeder Salat zu einer besonderen Gaumenfreude, und jede noch so vielfältige Salatbar mit den Dressings bleibt eine fade Veranstaltung dagegen.

Und die Pfannkuchen, die übrig waren, wurden dann am Abend oder am nächsten Tag zur Süßspeise Grimbelich mit selbst gemachtem Gsälz oder, wenn schon die ersten Frühäpfel reif waren (Klaräpfel, Jacobiäpfel oder Gravensteiner), mit einem frischen Apfelmus oder Mirabellenkompott zum hohenlohischen »Kaiserschmarrn« verarbeitet. Eine der beliebten Mehlspeisen war früher auch die Pfitzauf, die mit süßem Birnenkompott auf den Tisch kamen.[6]

SOMMER

Der Übergang ist wie immer fließend, die Brücke ist der Garten. Und die Alltagsküche ist davon bestimmt, was im Garten nach und nach erntereif wird.

Zum Vesper oder auch als Salat die frischen Rettiche, zuerst die roten, später die schärferen weißen, die frischen Gurken, die Erbsen, die Buschbohnen, die Stangenbohnen – alles direkt aus dem Garten in die Töpfe. Bei einem solchen Grundmaterial kann kaum etwas falsch laufen.

Zwei Sonntagsessen will ich noch gesondert hervorheben, den gefüllten Geiiger und den Jagst-Aal mit Salbei, der in den Spätsommer, den Übergang zum Herbst gehört.

Voraus gab's am Sonntag oft die Hohenloher Hochzeitssuppe[7], eine klare, kräftige Rinderbrühe mit drei verschiedenen Klößchen und wieder einmal dick Schnittlauch, und dann den Geiiger, den man sich um Gottes willen nicht als »Gummiadler« vorstellen darf. Vielmehr war er 9–12 Monate als stolzer Gockel umherstolziert, hatte jeden Morgen zwischen 4 und 5 Uhr losgekräht und musste für die Bratröhre auf dem Hackstock dran glauben. Heute muß man froh sein, wenn man einen vier Monate alten Gockel von einem Biohof bekommt.

Die Innereien, zusammen mit ein bisschen Hackfleisch, gehackten Zwiebeln, aufgeweichtem altem Weißbrot und mit viel Petersilie wurden zu einer Masse verarbeitet, mit der der Geiiger gefüllt wurde. Und im Vergleich zu dem, was heute an Gockel auf den Tisch kommt, war das, auch wenn er aus der Röhre kam, noch ein stolzes Vieh, das für eine

1 Schriftsteller. Am 16.04.1867 in Langenburg geboren und am 20.7.1937 in Kupferzell verstorben. Viel gelesen wurden seine satirischen, geistreich-frivolen Schriften wie die vierbändigen »Briefe eines in Deutschland reisenden Deutschen« oder die 12 Bände Demokritos oder auch »Hinterlassene Papiere eines lachenden Philosophen«.

2 Thomas Hagenau, Redakteur beim Südwestrundfunk hatte die schöne Idee, naturnahe Geräusche aufzunehmen, sozusagen verlorene Geräusche festzuhalten, wie auch das Dengeln. Das Kulturamt Tübingen hat mehrere CDs (in Zusammenarbeit mit dem Südwestrundfunk und dem Stadtmuseum Tübingen) herausgegeben, die unter dem Titel »Das Tübinger Geräuscharchiv« erhältlich sind.

3 Hohenlohischer Sammelbegriff für Weihnachtsgebäck.

4 Hohenlohische Variante des Früchtebrots.

5 Der Sohn des anderen Hausmetzgers, Horst Pfeifer, hat übrigens die Tradition seines Vaters fortgesetzt und betreibt als Koch und Inhaber seit 1991 das »Bella Luna«, eines der Spitzenrestaurants in New Orleans, Louisiana, 70116, USA; E-Mail: belaluna@gs.net.

6 Siehe Rezept auf Seite 70.

7 Siehe hierzu ausführlich unser Rezept auf Seite 104.

8 Die Mosesmühle führt heute ein neu eröffnetes Ausflugslokal mit einer traumhaften Terrasse über der Jagst.

9 Kirchweih (in der Regel am 3. Sonntag im Oktober).

10 Muswiese in Musdorf bei Rot am See.

vierköpfige Familie allemal reichte, lecker schmeckte – natürlich begleitet von den Sommersalaten, wie gehabt.

Eine besondere Delikatesse und auch nur zu bekommen, wenn die Blätter ihre Farbe verändern und langsam zu fallen beginnen, ist der Jagst-Aal, der im Aalfang der Mosesmühle[8] in Bächlingen landet: frisch in Butter gebraten mit Salbei, eine besondere Sinnesfreude.

Der frisch gefangene Aal, der kaum tot zu kriegen ist und sprichwörtlich noch in der Pfanne schnalzt, wird in Stücke geschnitten und mit viel Salbeiblättern in Butter ausgebacken. Und mit dem Aal kamen dann zusätzlich zu dem schon bekannten Salat Gurkensalat mit Dill und Rettichsalat; die Rettiche fein geraspelt, Essig und Öl und dazu noch einen Schubs saure Sahne. Die gab's immer, weil die Milch, die wir täglich vom Bauern holten, nicht dreimal pasteurisiert, abgekocht, keimfrei und entfettet war, sondern eben noch so viel Fett hatte, dass es abgeschöpft wurde und daraus die saure Sahne gewonnen wurde.

Dazu einen kellerkühlen Riesling aus dem Kochertal, dem Unterland oder dem Frankenland – das war und ist unschlagbar.

HERBST
Mit dem, was der Herbst alles an Köstlichkeiten aus dem Garten und der freien Natur in Küche und Keller brachte, könnte man eigentlich noch mal ein eigenes Kapitel füllen, denn im Herbst kommt alles zusammen und überschlägt sich.

Wir gingen in die Haselnüsse, wir sammelten Steinpilze und Pfifferlinge im Wald und Champignons auf den Kuhweiden (wenn's feucht war), wir pflückten die Äpfel und Birnen aus den Obstgärten und lasen das Fallobst zum Mostmachen auf (bitzeliger neuer Most mit Zwiebelkuchen), nicht zu vergessen die Zwetschgen zum Zwetschgenblooz und zum Einschlagen, damit es eine gute Maische zum Brennen gab und und und.

Alles, was Essen, Trinken und Feiern angeht, konzentriert sich dann in der Kärwe[9] und der dreitägigen so genannten Muswiese[10].

Die Bäuerinnen backten Batterien von Blooz, Zwetschgenblooz, Äpfelblooz, Molkeblooz, und in den Wirtshäusern ging das Essen und Trinken von Kärbfreitagabend bis Kärbmontagabend, wobei Letzterer als höchster Feiertag galt.

Die Speisekarte bestand aus Bauernbratwürsten, Schlachtplatte, Schweinebraten, Reh- und Hammelbraten, jeweils mit Spätzle und Kartoffelsalat.

Höhepunkt war und ist am Kärbsonntag der Hammeltanz, bei dem auf den Dorfwasen ein lebendiger Hammel ausgetanzt wird.

Und etwas kommt im Herbst dazu: das Wild aus den hohenlohischen Fluren und Wäldern; damals noch der gemeine Feldhase, der heute schon auf der roten Liste steht (für den ich aber jedes, sei es ein noch so gutes Kaninchen stehen lasse), Reh, Wildschwein, Rebhuhn und Wildente. Es würde den Rahmen sprengen, diesbezüglich die Rezepte aufzuführen.

Und dann als Höhepunkt des hohenlohischen Jahres die Muswiese. Was das Essen angeht, ist das Spezifische – ähnlich wie an Kärwe –, dass alle Bauern des Weiler Musdorf seit Jahrhunderten für acht Tage das Bewirtschaftungsrecht haben, und alle machen bis heute Gebrauch davon.
Die drei Haupttage sind Dienstag, Mittwoch, Donnerstag – Tage mitten in der Woche als Symbol dafür, dass zu diesem Zeitpunkt die Ernte in den Scheuern und Kellern ist und die Bauern es ruhig angehen lassen können. Dazu gibt es einen Markt, der sich zwei Kilometer durch und um das Dorf schlängelt und auf dem bis heute die Bauern ihren Bedarf für Haus und Hof mit Blick auf den Winter eindecken.

Danach fängt die ruhige Winterzeit an...

SOMMER

1999 Grauer Burgunder	Flusskrebse im Wurzelsud
Weingut Karl-H. Johner,	G'fillder Geiiger
Vogstburg-Bischoffingen	Gebrannte Creme mit Erdbeerjus
2000 Schwarzriesling trocken	Setzlingsalat oder Kopfsalat
Weingut Robert Bauer, Flein	Schweinebraten mit Nudeln
	Beerensalat mit Vanillesauce
2000 Chardonnay trocken	Kerbelsuppe mit Wachteleiern
Weingut Ernst Dautel,	Kalbsfrikassee mit Kapern und Steinpilzen
Bännigheim	Himbeereis in Baiser

Flusskrebse im Wurzelsud

In einem fränkischen Landgasthaus konnte man bis in die fünfziger Jahre hinein, zumindest an Sonn- und Feiertagen, erwarten, Krebse auf diese Art angeboten zu bekommen. Leider aber hat die zunehmende Verschmutzung der Bäche und Flüsse, obendrein noch die Krebspest, diesem Vergnügen den Garaus gemacht. Seit einigen Jahren nun sind Krebse wieder aus heimischen Gewässern zu beziehen, oder aber sie werden von teichwirtschaftlichen Betrieben in Franken erzeugt. Eine Entwicklung, die unbedingt unterstützt werden sollte; es gibt einfach nichts Geselligeres als ein richtig umfängliches Krebsessen an einem großen Tisch, das auch ruhig einmal für sich alleine stehen darf.

6 Personen

3 Dtzd. Flusskrebse (oder mehr)
2 Karotten
1 Stange Lauch
2 Zwiebeln
1 Knolle Sellerie
4 Knoblauchzehen
2 El Pfefferkörner
2 Lorbeerblatt
1 El Kümmel
1 Bund Dill
4 El Salz
4 l Wasser

Das Gemüse putzen, säubern und grobwürflig schneiden. Zusammen mit den Gewürzen in 4 l Wasser kochen und 20 Minuten ziehen lassen.

Die Krebse nach und nach in den sprudelnd kochenden Sud geben, falls notwendig immer wieder einmal den Deckel draufgeben, so dass der Wurzelsud ständig über dem Siedepunkt bleibt. Nachdem die Krebse einmal aufgekocht sind, den Topf vom Feuer nehmen und 10 Minuten ziehen lassen.

Die Krebse in einer Terrine servieren, sie schmecken am besten zusammen mit einem dunklen Sauerteigbrot und frischer Butter.

G'fillder Geiiger
(Gefüllte Poularde nach Mutter Schlauch)

Der G'fillde Geiiger ist ein wahrhaft sonntägliches Essen, das bei Schlauchs nur wenige Male im Jahr auf den Tisch kam. Er wurde dann von der Mutter oder dem Vater am Tisch zerteilt und verströmte dabei sein ganzes Aroma aus der stattlichen Menge der verwendeten Kräuter, die für Mutter Schlauchs Küche so bezeichnend ist. Ein Duft, der wohl ein Leben lang nicht aus dem Gedächtnis weicht.

Wir im »Hirschen« haben in Familie von Wistinghausen in Mäusdorf den perfekten Lieferanten für Demeter-Landgockel, die die benötigte stattliche Größe aufweisen, gefunden. Bearbeiten Sie Ihren Geflügellieferanten, solch große Poularden zu besorgen, der Lohn daraus rechtfertigt Ihre Beharrlichkeit allemal, durch reichen hocharomatischen Huhngeschmack, der mit der Füllung eine hinreißende Verbindung eingeht.

4–6 Personen

1 großer Landgockel
(Poularde, mind. 2,5 kg schwer)
150 g Hackfleisch vom Schwein
Innereien der Poularde
2 altbackene Brötchen
etwas Milch
2 Eier
4 El Blattpetersilie, geschnitten
2 El frischer Majoran
1 El Thymian
1 El Oregano
1 El Rosmarin
6 El Zwiebelwürfel
Salz, Pfeffer, Muskat,
Butter zum Anbraten

Die Poularde gleichmäßig auf der Hautseite und in der Bauchhöhle salzen und pfeffern. Die altbackenen Brötchen in Scheiben schneiden und 10 Minuten in Milch einweichen, danach mit den Händen auspressen und mit dem Hackfleisch und den Eiern vermengen.

Die Innereien kleinwürflig schneiden und mit den Zwiebelwürfeln in Butter anbraten, danach unter die Hackfleisch-Brot-Mischung geben und zusammen mit den Kräutern beimischen; mit Salz, Pfeffer und Muskat würzen. Die Füllung in die Bauchhöhle geben und die Öffnung mit Küchengarn zunähen. In einer schweren Kasserolle in Butter rundum anbraten, auf den Rücken legen, 0,3 l Wasser anschütten und eine gute halbe Stunde schmoren lassen. Danach in den auf 180°C vorgeheizten Backofen stellen und weitere 30 bis 40 Minuten backen lassen, bis die Haut goldbraun kross gebacken ist. Den Ofen öffnen und abschalten, die Poularde in der verbleibenden Wärme 15 Minuten nachziehen lassen und im Ganzen servieren.

Gebrannte Creme mit Erdbeerjus

Gebrannte Creme (Crème brûlée) ist das klassische französische Hausfrauen-Dessert, das beispielhaft für höchste Finesse mit einfachsten Zutaten, die auch auf dem flachsten Land zu haben sind, steht. Diese Creme kann mit nahezu allen Fruchtsaucen oder Säften, je nach Jahreszeit, serviert werden.

6 Personen

0,5 l Sahne
6 Eigelbe
75 g Zucker
2 Vanilleschoten
500 g Erdbeeren
etwas Rohrzucker

0,3 l Sahne zusammen mit dem Zucker und den ausgeschabten Vanilleschoten aufkochen, währenddessen die Eigelbe zusammen mit der restlichen Sahne gut vermischen und unter die heiße Sahne geben.

Durch ein Haarsieb passieren, dabei mit einem Löffelrücken die Vanille gut auspressen. Diese Mischung nun in gebutterte Portionsförmchen gießen und im Wasserbad (Ofentemperatur 120° C) 90 Minuten pochieren lassen, Förmchen herausnehmen und einige Stunden auskühlen lassen.

Zwischenzeitlich die Erdbeeren putzen und mit einem kleinen Schuss Wasser zugedeckt einmal aufkochen lassen, auf ein Haarsieb schütten und gut abtropfen lassen. Süßen mit Zucker nach Geschmack.

Danach die Creme auf Suppenteller stürzen, die Oberfläche gleichmäßig mit Rohrzucker bestreuen und mit einem glühenden Eisen oder unter einer offenen Flamme karamellisieren lassen, mit dem Erdbeerjus umgießen und gleich servieren.

Setzlingsalat oder Kopfsalat

Dieser Salat ist typisch für Mutter Schlauchs Küche, deren Utensilien, wann immer dies möglich war, aus dem Hausgarten stammten; besonders im Frühsommer, wenn der erste Kopfsalat zusammen mit den Gartenkräutern zu ernten war. Oder aber auch Kopfsalatsetzlinge, das ist Kopfsalat, der noch nicht im eigentlichen Sinne reif, sondern eben erst angewachsen ist und dabei bereits einen fein-herben Geschmack entwickelt hat. Es gibt ihn in Hohenlohe zu besonderen Anlässen.

Die ausgewählten Kräuter, meist Zitronenmelisse, Pimpernell, Estragon, Dill, Schnittlauch, Borretsch und Zwiebelschoten richten sich gänzlich nach Ihrem Geschmack. Alles kann – nichts muss sein; jedenfalls bei Schlauchs gab es zu keiner Zeit Kopfsalat, der nicht mindestens mit einer guten Hand voll Kräutern angemacht war.

6 Personen

3 St. großer Kopfsalat oder
6 St. Kopfsalat-Setzlinge
6 El saure Sahne
2 El Zitronensaft
3 El Pflanzenöl
6 El Gartenkräuter
Salz, Pfeffer, Prise Zucker

Kopfsalat putzen und waschen, so dass schöne ganze Blätter bleiben; entsprechend mit dem Setzlingsalat verfahren, dessen Blätter allerdings nicht vom Strunk abgelöst, sondern weiter davon gehalten werden, so dass die ganze Pflanze erkennbar bleibt.

Den Salat entweder in der Schleuder oder mit einem Küchentuch gut trocknen. Aus saurer Sahne, Zitronensaft, Pflanzenöl, Kräutern, Salz, Pfeffer aus der Mühle und einer kleinen Prise Zucker die Marinade rühren.

Den Salat damit anmachen und auf den Tellern anrichten, dabei mit einigen Kräutern garnieren.

Schweinebraten mit Nudeln

Man sagt, ein gelungener Schweinebraten hat zur Voraussetzung, dass man von der Köchin über 2 Stunden nichts anderes als ihren Hintern zu sehen bekommt. Dann nämlich, wenn sie ständig damit beschäftigt ist, vornübergebeugt vor dem Ofenrohr den Braten mit dem Bratensatz zu begießen. Das stimmt auch so, allerdings spielt dabei das Geschlecht neuerdings keine grundsätzliche Rolle mehr; auch Männern gelingt dieser Schweinebraten.

Für beide Geschlechter ist dabei gleich wichtig, dass das Schweinefleisch fett ist, das muss einfach so sein, sonst wird's kein richtiger Schweinebraten mehr. Können Sie solches Schweinefleisch bei Ihrem Metzger nicht finden, ist es umso wichtiger, dass Sie Schweinehals oder Schweinekamm – der ist mit Fett durchzogen – verwenden.

6 Personen

2 kg Schweinekamm am Knochen
3 El Schweineschmalz
4 Fleischtomaten
2 Zwiebeln
2 Karotten
1/2 Sellerieknolle
1 Lorbeerblatt
1 El Kümmel
1 El schwarze Pfefferkörner
5 Gewürznelken
5 Knoblauchzehen, ungeschält
Salz, schwarzer Pfeffer aus der Mühle

für die Nudeln:

400 g Hartweizenmehl
3 Eier
2 El Hartweizengrieß
3 El Olivenöl
Prise Salz
einige Butterflocken

Den Schweinehals kräftig salzen und pfeffern und in einer Reine (einem schweren Topf) in heißem Schweineschmalz rundum anbraten; das grob gewürfelte Gemüse dazugeben und im Ofen bei 160°C weiterbraten lassen. Nun die Tomaten und die Gewürze zufügen, alles zusammen schmoren lassen, bis die Flüssigkeit aus den Tomaten verkocht ist und sich eine leichte Karamellfarbe zu bilden beginnt.

2-3 Schöpfkellen Wasser angießen und im Ofen weiterschmoren lassen, dabei immer wieder mit der Bratflüssigkeit durch ein Sieb übergießen. Eingekochte Flüssigkeit ersetzen und das Begießen wiederholen. Der Schweinebraten benötigt so ca. 100–120 Minuten Garzeit, bis sich eine Kruste gebildet hat.

In der Zwischenzeit aus dem Mehl, den Eiern, dem Grieß und dem Olivenöl zusammen mit einer Prise Salz einen festen, glatten Teig kneten und abgedeckt eine halbe Stunde ruhen lassen. Mit der Nudelmaschine in Bahnen walzen, diese in 1,5 bis 2 cm breite Streifen schneiden, die Nudeln auf einem Holzbrett flach auslegen und ein wenig antrocknen lassen.

Den Schweinebraten aus der Reine nehmen und die Sauce durch ein Sieb passieren, dabei gut ausdrücken; so erhält die Sauce ihre Bindung aus den zerkochten Gemüsen; es sollte dabei mindestens ein Liter Sauce entstanden sein. Das Fleisch vom Knochen lösen, in Scheiben schneiden und auf einer Platte anrichten, mit der Sauce übergießen und den Rest separat servieren.

Die Nudeln in 3 l leicht gesalzenem, sprudelnd kochendem Wasser 3 Minuten kochen, auf ein Sieb abschütten und mit einigen Butterflocken vermengen.

Beerensalat mit Vanillesauce

Verwenden Sie für diesen Nachtisch ausschließlich wirklich frische und reife Beeren; solche, die bereits Tage im Kühlfach verbracht haben, besitzen kein ausreichendes Aroma mehr, das notwendig ist, um den köstlichen Geschmack der Sonne, die in den Beeren eingefangen ist, zu entfalten. Ein sommerliches Vergnügen für alle, die einen altmodischen Garten ihr Eigen nennen können. Gut schmecken auch italienische Mandelbiscotti dazu, die in Stücke gebrochen unter den Salat gemischt wurden.

6 Personen

150 g Erdbeeren
150 g Rote Johannisbeeren
150 g Schwarze Johannisbeeren
150 g Stachelbeeren
150 g Maulbeeren
15 Blätter Zitronenmelisse
Saft einer Zitrone
160 g Zucker
1 dl Cassis-Likör

für die Vanillesauce:

0,5 l Sahne
0,5 l Milch
2 Vanilleschoten
220 g Zucker
8 Eigelbe

Schöne, saubere Beeren putzen (nicht waschen) und, außer den Erdbeeren, ganz mit dem Zucker, halbierten Zitronenmelisseblättern und Zitronensaft 30 Minuten marinieren. Erdbeeren halbieren und vorsichtig unter die übrigen Beeren mischen, alles mit dem Cassis-Likör durchtränken.

Sahne, Milch und ausgeschabte Vanilleschoten aufkochen, Eigelbe mit dem Zucker in einem Schneekessel schaumig schlagen, bis sich der Zucker aufgelöst hat. Die heiße Vanillesahne hineingießen und alles zusammen mit einem Spatel bei milder Hitze bis zur Bindung erhitzen, nicht kochen lassen. Durch ein Sieb passieren und auskühlen lassen. Vor dem Anrichten kurz aufmixen.

Den Beerensalat auf tiefen Tellern anrichten, mit Zitronenmelisseblättern garnieren und mit der Vanillesauce umgießen.

Kerbelsuppe mit Wachteleiern

Anstelle der Wachteleier können auch geröstete Brotwürfel (Croûtons) beigelegt werden.

6 Personen

300 g Kerbel
0,8 l Geflügel- oder helle Kalbsbrühe
0,5 l flüssige Sahne
0,2 l geschlagene Sahne
4 Eigelbe
2 El Butter
18 Wachteleier
Salz, Pfeffer, Muskat

Kerbel samt den Stielen grob schneiden und in der Butter andünsten, mit der Geflügel- oder Kalbsbrühe auffüllen und aufkochen lassen. Nun die Legierung aus Sahne und Eigelben dazugeben und unter ständigem Rühren bis zur Bindung erhitzen. Im Mixer fein aufmixen und durch ein Haarsieb passieren. Mit Salz, weißem Pfeffer aus der Mühle und Muskat würzen, nochmals erhitzen und die Schlagsahne darunter heben.

In Suppentellern anrichten, jeweils drei geschälte, weich gekochte (1,5 Min.) Wachteleier hineinlegen und mit Kerbelzweigen garnieren.

Kalbsfrikassee mit Kapern und Steinpilzen

Dazu passen am besten Nudeln.

6 Personen

1,35 kg Schulter vom Milchkalb, entsehnt und grobwürflig geschnitten
1 l Kalbsbrühe
0,8 l halbtrockener Weißwein
0,5 l Sahne
10 Schalotten, grob gewürfelt
2 Lauchstangen, nur das Weiße in groben Streifen
1/2 Sellerieknolle, geschält und grob gewürfelt
3 Knoblauchzehen, ungeschält
150 g Butter
3 El Mehl
1 Lorbeerblatt
1 El weiße Pfefferkörner
5 El geschnittene Blattpetersilie
4 El Kapern
Saft einer Zitrone
600 g Steinpilze
Butterschmalz
Salz, weißer Pfeffer, Prise Zucker

Kalbfleisch in einer Kasserolle in Butter andünsten, Schalottenwürfel, Lauch und Sellerie dazugeben, weitere 5 Minuten dünsten lassen. Mit Mehl bestäuben und mit der Kalbsbrühe auffüllen. Gewürze zugeben und zugedeckt 30 Minuten bei milder Hitze köcheln lassen. Die reduzierte Flüssigkeit nach und nach durch Weißwein ersetzen und weitere 45 Minuten garen lassen.

Die Kalbfleischstücke herausnehmen, die Sauce passieren und bis zur Bindung einkochen lassen. Kapern zugeben, mit Salz, weißem Pfeffer aus der Mühle, einer kleinen Prise Zucker und dem Zitronensaft würzen und mit der Sahne kremig kochen.

Steinpilze putzen und in Butterschmalz ca. 3–4 Minuten heiß braten; würzen mit Salz und Pfeffer, zum Schluss die Blattpetersilie darunter mischen und auf dem Kalbsfrikassee anrichten.

Himbeereis in Baiser

Verwenden Sie ausschließlich frische, wirklich reife Beeren; der Geschmack des Eises ist dann umwerfend. Die Meringen lassen sich sehr gut vorproduzieren, sie sollten dann in einem luftdichten Behältnis aufbewahrt werden.

6 Personen

1,2 kg frische Himbeeren
330 g Zucker
6 cl Himbeergeist
12 Eiweiße
450 g Puderzucker
Prise Salz

Himbeeren zusammen mit dem Zucker mixen und durch ein Haarsieb passieren. In der Eismaschine frieren; kurz vor dem Festfrieren den Himbeergeist zugeben und kurze Zeit weiterdrehen lassen. Im Tiefkühlfach lagern.

Die Eiweiße in einem Schneekessel mit einer Prise Salz schaumig schlagen, nach und nach den Puderzucker hineinsieben und weiterschlagen, bis sich der Zucker aufgelöst hat. Im Wasserbad warmschlagen, bis eine kompakte, glänzende Masse entstanden ist, danach wieder kaltschlagen.

Mit einer Spritztülle auf einem Backblech (am besten auf Backpapier) zu Meringen formen und im lauwarmen Backofen 3–4 Stunden langsam trocknen lassen.

Längs aufschneiden und das Himbeereis mit Hilfe einer Spritztülle hineingeben, mit dem Deckel belegen, mit einigen Himbeeren garnieren und leicht mit Puderzucker überstäuben.

Politik mit Messer und Gabel

Manfred Kurz

Der geneigte Leser wird sich zu Recht fragen, was in drei Teufels Namen ein Koch mit Politik zu tun hat. Nun ja, eigentlich gar nichts; außer dass der Koch ein politischer Mensch ist, dass er auch Politiker zu verköstigen hat, dass er, geht er den Quellen seiner Rohstoffe nach, bemerkt, inwieweit Politik auch mit Messer und Gabel betrieben werden kann – und das in mehrfacher Hinsicht.

Die Politiker leisten ihre Arbeit, wir Köche die unsere; und wenn wir dabei den Eindruck gewinnen, dass wir uns gegenseitig etwas zu sagen haben, dann tun wir das eben. Auch in Form dieses Buches.

Den Koch verbindet mit Rezzo Schlauch der Wohnort Bächlingen und das Lebensgefühl der Hohenloher, mit Joschka Fischer die familiäre Herkunft eines Metzgerssohns und mit Gerhard Schröder der Drang zur Modernität und zur Überwindung konformistischer Denkstrukturen. Alle finden ihre Verbundenheit in der Freude an guter Küche und gutem Wein und in geselligen Gesprächen bei Tisch, die oft ein vorzeigbareres Ergebnis aufzuweisen haben als ein Konferenzmarathon mit warm gehaltenem Kaffee und belegten Brötchen. Schließlich hat gute Politik die Stimulanz und Präsenz aller Sinne zur Voraussetzung.

1977 kehrte ich von den Lehr- und Wanderjahren in den elterlichen Gasthof »Zum Hirschen« im hohenloheschen Blaufelden zurück. Ich mochte zunächst nicht so recht glauben, auf welch niedrigem Niveau die Versorgung mit Rohstoffen für meine Küche erfolgte. Es ging dabei um jene Nahrungsmittel, die ich von Anbietern aus nächster Nähe zu beziehen versuchte. Den Zahn, dass ich in meiner stark bäuerlich geprägten Heimat die gleichen oder wenigstens ähnliche Voraussetzungen in Bezug auf die Belieferung mit Lebensmitteln vorfände wie in den teils romanischen Regionen meiner Ausbildungszeit, hat man mir rasch und gänzlich ohne Betäubung gezogen. So versprach es schwierig zu werden, meine Küche hier handwerklich ambitioniert betreiben zu können.

Ich war es gewohnt, dass die bäuerlichen Lieferanten aus nächster Umgebung aromatische Butter, feinste Rohmilchkäse, Poularden aus großzügiger Freilandhaltung, Fische und Flusskrebse erlesenster Qualität, Ochsenfleisch und Lämmer von besten Weiden in die Küchen trugen. Mit der Verabschiedung verbanden sich dann jeweils der Dank für die Zahlung eines angemessen hohen Preises und das Versprechen einer baldigen Wiederbelieferung. Andernorts hatte ich zwischen mindestens drei verschiedenen Sorten Crème double wählen können. Wieder zu Hause, sah ich mich gezwungen, erst einmal eine Molkerei zu finden, die mich wenigstens erklären ließ, dass damit frische, unbehandelte Sahne mit doppeltem Fettgehalt gemeint ist. Oh heiliger Strohsack, welch kulinarische Öde! Die obendrein drauf und dran war, jegliche kulturhistorische Bedeutung mit einem Achselzucken abzutun und das unsägliche Jägerschnitzel zum Gipfel kulinarischer Raffinesse zu küren.

So mussten zunächst einmal Poularden, die diesen Namen auch verdienten, 600 Kilometer weit aus der Bresse (Burgund) herbeigeschafft werden, Rohmilchkäse kam aus Frankreich und Italien, frische Fische, selbst solche aus den Flüssen, wurden auf dem Pariser Großmarkt Rungis, Butter aus Echiré (Poitou), erstklassige Gemüse aus Ligurien besorgt. Und so weiter. Groteskerweise handelte es sich dabei meist um Viktualien, die weder besondere Bodenverhältnisse noch etwa exotische Klimabedingungen zur Voraussetzung haben; es bedarf allein der Menschen, die, mit dem Anspruch Bestes leisten zu wollen, dahinter stehen. Kurz: Alle Produkte hätten auch in nächster Nähe meines Heimatortes erzeugt werden können. Nur fehlten die Erzeuger, die das gewollt und darin zu Recht eine Möglichkeit zur Sicherung bäuerlicher Existenz auf respektablem Niveau gesehen hätten.

Meist waren es junge Bauern, die sich meinem Drängen beugten und sich wenigstens auf einen Versuch, etwa zur Erzeugung von Tauben, von Milchkälbern und Lämmern, der Aufzucht von Zander und Flusskrebsen... einließen. Manch einem war das alles zu mühsam, einige jedoch sind bei der Stange geblieben und beliefern mich auch heute noch. Und ohne den gärtnerischen Ehrgeiz meiner Mutter, die mich mit Kräutern und Gemüsen aus ihren Gärten versorgte, wäre der Speisezettel häufig fade geblieben.

Auch die gängige Agrarpolitik war meinem Vorhaben nicht eben förderlich. Weshalb etwa soll sich ein Landwirt die Mühe machen, wöchentlich 12 Poularden einzustallen, so dass er kontinuierlich das ganze Jahr über marktaktiv und lieferbereit bleibt, wenn er andererseits hoch subventioniert und hektarweise Raps anbauen kann, was ihm nur einen Bruchteil der Mühe abverlangt. Schließlich war es das Programm der Grünen, in dem ich mein Thema wiederfand, und einige von ihnen erwiesen sich als ernst zu nehmende Gesprächspartner für mein Anliegen. Die Grünen entwarfen ein neues Konzept für zeitgemäße und innovative Landwirtschaftspolitik, unter anderem deshalb, weil in dieser Partei die Achtung vor der Kreatur, der Erhalt der Landschaft und die ökologische

Ein Loblied auf den Hohenloher Wein hat im 19. Jhd. schon der alte Gäwele gesungen, eine Figur des Mundartdichters Wilhelm Schrader aus Neuenstein:

Er lefft so lieblich dorch de Hals
Do hockt mer wie ou'gworzelt
Mer läbbert als und läbbert als
Uff aamohl isch mer borzelt

Verträglichkeit bei allen Fragen des Wirtschaftens Grundlage waren. Bei anderen Parteien war in dieser Richtung herzlich wenig geboten; an meiner Parteiunabhängigkeit hat dies allerdings nichts geändert. Ich sehe allein in meiner täglichen Arbeit meine, wenn auch kleine und unbedeutende, Politik und auch die Verpflichtung, die Aufgaben, die mir durch mein Handwerk aufgegeben sind, zu erledigen. Das soll genügen.

Äußert sich in Deutschland ein Politiker in der Öffentlichkeit wohlwollend zu den Themen Tafel- oder Lebensfreude, erst recht zum Genuss eines aufwändigen, mehrgängigen Menüs, samt passender, auch kostbarer Weine, so kann er das allenfalls am Beginn einer Legislaturperiode tun – spätere Verlautbarungen dazu, erst recht kurze Zeit vor Wahlen, würden ihn glatt 8 bis 10 Prozent Stimmanteil kosten. Wir haben noch viel zu tun.

Fangen wir einfach damit an, deutlich zu machen, dass Kochen eine Kulturleistung der Menschheit ist. Übrigens eine, die Tag für Tag ohne einen Cent etwaiger Bezuschussung aus öffentlichen Kulturfördertöpfen ihre Existenzberechtigung beweisen muss. Und das ist auch gut so; denn in der Suche nach der bürgerlichen Unabhängigkeit vom Staat liegt eben auch ein gut Teil der viel geforderten Bürgergesellschaft geborgen, die versucht, dem Staat seine Grenzen aufzuzeigen, ihm als Regulativ den Eingriff in die Alltagskultur verwehrt.

So bleibt der Koch bei seinen Töpfen, gleichsam wird er damit seiner Verantwortung für das kulturelle Gemeinwesen gerecht. Nicht zuletzt mit diesem Buch, das sich ausschließlich mit dem Gedanken des Terroirs beschäftigt. Denn dieses birgt unglaublich viel an kulinarischer Potenz in sich, die nur darauf wartet, geweckt zu werden.

Terra, die Erde, der Boden, auf dem wir stehen und von dessen Früchten wir uns nähren, hat bioenergetisch und bewusstseinsbildend mehr Einfluss auf uns, als uns oftmals deutlich wird. Alles kommt vom Boden, der uns in Wirklichkeit nie aus seiner Bindung entlässt. So wollen wir ihm einige weitere genussvolle Seiten abgewinnen, dadurch dass wir ihn aufmerksam beobachten, ihn sorgsam hüten und pflegen und somit in den Stand versetzen, uns dauerhaft seinen Reichtum zugänglich zu machen.

Für »Terroir« ist die deutsche Umschreibung »Bodenständigkeit« leider nicht umfassend genug, und alle weiteren Deutungen sind uns durch unsere elende Geschichte genommen worden. Das Wort beinhaltet unter anderem die Wechselwirkung zwischen geologischem Aufbau, Makro- und Mikroklima, Be- und Entwässerung und topografischer Beschaffenheit – also Faktoren, die in ihrer Summe die Einzigartigkeit und Nichtkopierbarkeit einer begrenzten Region festschreiben. Terroir ist der Grund, aus dem ein bestimmter Wein eben nur aus einer bestimmten Gegend so schmeckt, wie er schmeckt, oder der Käse oder die Lämmer oder der Spargel... Terroir ist der Grund für die Nichtkopierbarkeit des Geschmacks.

Das Terroir Hohenlohe steht im Mittelpunkt des vorliegenden Buches, soll dabei aber exemplarisch für alle übrigen Landschaften aufgefasst werden, die wiederum ihre Besonderheiten aufweisen, ihre Nichtkopierbarkeiten erhalten haben. Es ist wert, sie aufzuspüren. Wenn es uns mit unserem Kochbuch gelingt, ein wenig Freude auch bei Tisch in den Alltag zu bringen, vielleicht sogar den köstlichen Kindheitsgeschmack auf die Zunge zurückzuholen, quasi der terra incognita ein Ende zu bereiten, dann wollen die Autoren zufrieden sein und können Vollzug eines lohnenswerten Ziels vermelden: Sich mit Messer und Gabel der Politik zu nähern ist eine der freudvollsten und befriedigendsten Möglichkeiten.

Die beigesteuerten Rezepte sind jeweils für sechs Personen ausgelegt. Das hat seinen Grund darin, dass in Hohenlohe die Portionen im Zweifelsfall eher zu groß als zu klein sind und auch, dass ich mich mit dem Essen in Hohenlohe vor dem Hintergrund der fünfköpfigen Pfarrersfamilie Schlauch beschäftigt habe. Die Mitglieder dieser Familie, die energische Mutter, ein gestandenes Mannsbild von Ehemann sowie die drei – damals rasch wachsenden und ewig hungrigen – Söhne, die in ihrer mächtigen Statur die Eltern zu übertreffen suchten, wollten erst einmal täglich versorgt sein. Da braucht's Geiger und keine Hähnchen.

Dabei habe ich natürlich versucht, die Essgewohnheiten zu relativieren, sie in die Gegenwart zu transportieren und ihnen kulinarische Raffinesse zu implantieren, ohne ihnen den bodenständigen Charakter zu nehmen. Ganz wie es unserem jetzigen Lebensgefühl entspricht. Dass Wein dabei fester Bestandteil ist, versteht sich von selbst. Die Beschäftigung damit im Zusammenwirken mit den Menüs ist ja unbestritten eine der genussvollsten und vergnüglichsten Möglichkeiten, seine Zeit zu verbringen, und eine der spannendsten sowieso.

Guter Wein wird während der Vinifikation nicht erhitzt, er lebt, und sein Geschmack ist damit einer ständigen Veränderung unterworfen. Wenn nun präzise Weinempfehlungen gegeben werden, so haben diese ihre Gültigkeit für das Frühjahr 2002 (den Zeitpunkt des Entstehens dieses Buches) und für zirka die folgenden zwei Jahre. Sicher aber ist, dass die Weine ihren Stil, der ihnen von den Winzern mitgegeben wurde, behalten werden; auch dann, wenn zwischenzeitlich der Jahrgang gewechselt hat.

Am deutlichsten ist dieser Tatbestand am Lehrensteinsfelder Steinacker Riesling Sekt spürbar, der vom Weingut Max Dietzsch-Doertenbach stammt. Ihm möchte ich an dieser Stelle ein Kränzchen winden. Er steht beispielhaft für eine neue, bemerkenswerte Entwicklung beim deutschen Wein. Etwas zeitverzögert in Bezug auf die vorausgegangene Küchenreform wurde sie von jungen Winzern mit elitärem Anspruch vorangetrieben. Immer häufiger wird so der Griff zu Bouteillen aus den Nachbarländern nicht mehr zwingend notwendig; wir finden mittlerweile mehr und mehr große Weine bei uns, die dazu angetan sind, ein Menü respektabel zu begleiten.

Bei den Winzern ist das meiste Wissen um das Terroir zu finden, sie arbeiten strikt daran, ihm den typischen Charakter im Wein abzugewinnen. Und wenn das so gut klappt wie bei Maxens Riesling Sekt, dann ist obendrein bestens für das passende, die Küchenarbeit begleitende Getränk gesorgt: Spritzig, ideenreich und leicht läuft so die Arbeit in der Küche von der Hand und wird zum reinen Vergnügen. Und gelassen bleibt man obendrein.

1995 Kleinbottwarer Oberer Berg	Lauch-Kartoffel-Suppe mit Speck
Muskateller Sekt trocken	Pfitzauf mit Birnenschnitz
Weingut Graf Adelmann	Gereifter Ziegenkäse mit eingekochten Quitten
1997 Lemberger »Hades«	Feldsalat mit Sellerie, Roter Bete und Nüssen
Weingut Fürst zu Hohenlohe-	Geschmorter Rehbraten mit Herbsttrompeten
Oehringen, Öhringen	Zwetschgenragoût in Rotwein-Sabayon
2000 Eschendorfer Lump	Marinierter Lauch
Silvaner Spätlese trocken	Gerösteter Jagst-Aal in Salbeibutter
Weingut Horst Sauer	Mostsuppe mit Quarkklößchen

Lauch-Kartoffel-Suppe mit Speck

Typisch für diese gehaltvolle Suppe ist, dass man sie, in größeren Mengen gekocht, durchaus als eigenständige Mahlzeit servieren kann. Zumindest in bäuerlichen Familien erfreut sich solch ein Mittagessen großer Beliebtheit.

6 Personen

3 Lauchstangen, in grobe Streifen geschnitten
3 Schalotten, grob gewürfelt
2 Knoblauchzehen, geschält, in Scheiben geschnitten
500 g mehlige Kartoffeln, geschält und grobwürflig geschnitten
1 l Fleischbrühe
Speckschwarte
100 g Butter
150 g Bauchspeckstreifen
1 Bund Blattpetersilie
2 El Majoran
4 El saure Sahne
Salz, Muskat

Lauchstreifen zusammen mit der Speckschwarte, den Schalotten und Knoblauchscheiben in der Butter 5 Minuten dünsten. Kartoffelwürfel dazugeben und mit der Fleischbrühe auffüllen. 30 Minuten kochen lassen, und die Suppe im Mixer fein mixen.

Bauchspeckstreifen blanchieren, abschütten und im eigenen Fett in einer Pfanne kross ausbraten.

Saure Sahne und die Kräuter hineingeben und mit Salz und frisch geriebener Muskatnuss würzen. Speckstücke einstreuen oder ganz nach Wahl separat servieren.

Pfitzauf mit Birnenschnitz

Pfitzauf steht beispielhaft für eine bäuerliche hohenlohesche Küche, die aus ihrer Tradition heraus von den Produkten lebt, die auf den Höfen stets aus eigener Erzeugung vorrätig waren; meist eben Mehl, Eier, Schmalz, Milch etc. Pfitzauf kann natürlich das ganze Jahr über gegessen werden, und besonders das Birnenkompott eignet sich hervorragend dazu, es für die Winter- und Frühjahrszeit in Gläsern einzumachen.

Pfitzauf ist eine hohenlohesche Variante des Soufflee; zugegeben – es ist leichter zuzubereiten, aber gleichsam wie das Soufflee verzeiht es während des Backens keine Zugluft: Es würde schlichtweg in sich zusammenfallen.

6 Personen

500 g Mehl
0,5 l Milch
8 Eier
Prise Salz
Schweineschmalz

12 Birnen (Alexander Lukas oder andere süße Sorte)
0,5 l Weißwein
0,5 l Wasser
Saft von 2 Zitronen
250 g Zucker
3 St. Sternanis

Birnen schälen, vierteln und das Kerngehäuse herausschneiden. Aus Wasser, Wein, Zitronensaft, Zucker und dem Sternanis einen Sud kochen. Die Birnenschnitze einlegen und 8 bis 15 Minuten, je nach Konsistenz, zugedeckt pochieren lassen. Über Nacht im Sud auskühlen lassen.

Aus Mehl, Milch und Eiern zusammen mit einer kleinen Prise Salz einen Teig (ähnlich Pfannkuchen) rühren und in mit Schweineschmalz ausgestrichene Pfitzauf-Formen bis zur Hälfte füllen. Im Backofen bei 200°C ca. 15–18 Minuten ausbacken, bis er vollständig aufgegangen ist.

Die Pfitzauf noch heiß aus den Formen nehmen und zusammen mit dem Birnenkompott servieren, da sie in sich zusammenfällt, sollte sie länger stehen.

Gereifter Ziegenkäse mit eingekochten Quitten

Dass sich ausgezeichneter Ziegenkäse auch außerhalb romanischer Länder erzeugen lässt, hat sich mittlerweile herumgesprochen und in Hohenlohe durch Familie Bischoff eindrucksvoll beweisen lassen. Der Ziegenhartkäse ist einfach himmlisch: zart und mächtig zugleich. Das süß-saure Aroma der Quitten geht mit dem herben Geschmack des Käses eine wunderbare kontrastierende Verbindung ein.

6 Personen

ca. 500 g Zick de Hohenlohe,
6 Monate gereift
6 Quitten
0,5 l Weißwein
300 g Zucker
schwarzer Pfeffer

Quitten schälen, vierteln und vom Kerngehäuse befreien. In 1 cm große Würfel schneiden und mit dem Weißwein und dem Zucker aufkochen. Im geschlossenen Topf im auf 120°C vorgeheizten Backofen 3 Stunden garen lassen. Dabei entsteht eine Chutney-ähnliche Masse.

Den Zick de Hohenlohe in dünne Scheiben schneiden und mit den noch lauwarmen Quitten servieren. Je nach Geschmack kann etwas schwarzer Pfeffer aus der Mühle darüber gegeben werden.

Feldsalat mit Sellerie, Roter Bete und Nüssen

Erdige Aromen at it's best. So gehaltvoll kann der Herbst allein mit den Früchten aus dem Garten schmecken.

6 Personen

300 g kleinblättriger Feldsalat
3 kleine Rote-Bete-Knollen
3 kleine Sellerieknollen
6 El milder Cassis-Essig
3 El Walnussöl
6 El Pflanzenöl
2 El saure Sahne
120 g Walnusskerne
Salz, weißer Pfeffer

Feldsalat putzen, waschen und sorgfältig trocknen. Die Rote-Bete- und Sellerieknollen einzeln in Alufolie einpacken und im 180°C heißen Backofen ca. 1–1,5 Stunden garen, dann auskühlen lassen, schälen und in feine Scheiben schneiden.

Aus Cassis-Essig, den Ölen, Salz und Pfeffer aus der Mühle eine Marinade schlagen, die Gemüse noch lauwarm marinieren und 20 Minuten ziehen lassen. Einen Teil der Marinade zurückhalten und damit den Feldsalat anmachen, in der Mitte von flachen Tellern anrichten und wechselweise mit Roter Bete und Sellerie umlegen. Mit den Walnüssen bestreuen und mit der sauren Sahne einige Farbtupfer dazugeben.

Geschmorter Rehbraten mit Herbsttrompeten

Lassen Sie sich durch die schwarze Farbe der Herbst- oder auch Totentrompetenpilze nicht schrecken. Sie werden entschädigt durch feinste Aromen von Waldboden, Moos und Tannennadeln. Am besten schmecken zur geschmorten Rehschulter Spätzle oder Serviettenklöße.

6 Personen

2 Rehschultern (Bug) am Knochen, max. 4 kg Gesamtgewicht
1 l kräftiger Rotwein (Dornfelder oder Merlot)
1 dl Balsamico-Essig
1 dl Portwein
1 dl Madeira
3 Karotten
1/2 Sellerieknolle
3 Tomaten
1 Lorbeerblatt
10 Gewürznelken
10 Wacholderbeeren
10 Pimentkörner
3 El Hagebuttenmark
2 El Honig
5 El saure Sahne
500 g Herbsttrompetenpilze
3 El Blattpetersilie
Pflanzenöl, Salz, schwarzer Pfeffer

Aus den Weinen, Gewürzen und grobwürflig geschnittenen Gemüsen eine Marinade bereiten. Die Rehschultern einlegen und 24 Stunden marinieren lassen. Das Fleisch herausnehmen, abtropfen lassen und mit Küchenkrepp sorgfältig trocknen. In einer Reine in Pflanzenöl rundum heiß anbraten, Tomaten-, Karotten- und Selleriewürfel dazugeben und im Ofen goldbraun rösten lassen. Marinade angießen und abgedeckt 90 bis 100 Minuten schmoren lassen, dabei immer wieder einmal übergießen.

Die Rehschultern herausnehmen und vom Knochen lösen; die Sauce durch ein Spitzsieb passieren, dabei die Gewürze gut auspressen. Einkochen lassen bis zur Bindung, mit der sauren Sahne kremig kochen, mit Salz und schwarzem Pfeffer aus der Mühle würzen.

Herbsttrompetenpilze putzen (die erdigen Füßchen abschneiden) und heiß halb in Pflanzenöl und halb in Butter anbraten, bis sie zusammenfallen; Petersilie darunter schwenken und den Rehbraten damit garnieren.

Zwetschgenragoût in Rotwein-Sabayon

Lauwarm gegessen schmeckt dieser Nachtisch am besten.

6 Personen

600 g Zwetschgen
220 g Zucker
80 g Mandelstifte
0,3 l roter Bordeaux
6 Eigelbe
1 Tl Zimt
Schale einer halben Zitrone

Zwetschgen halbieren und Kerne herausnehmen. In einer Pfanne Zucker zusammen mit den Mandelstiften karamellisieren, die Zwetschgenhälften dazugeben und bei starker Hitze schwenken, bis die Früchte weich sind. In tiefen Tellern anrichten; Pfanne mit dem Rotwein ablöschen, Zitronenschale dazugeben und auf die Hälfte einkochen. Die verbleibende Flüssigkeit durch ein Haarsieb in einen Schneekessel passieren und mit den Eigelben im Wasserbad zu einem Sabayon schlagen, mit Zimt würzen und um die Zwetschgen gießen.

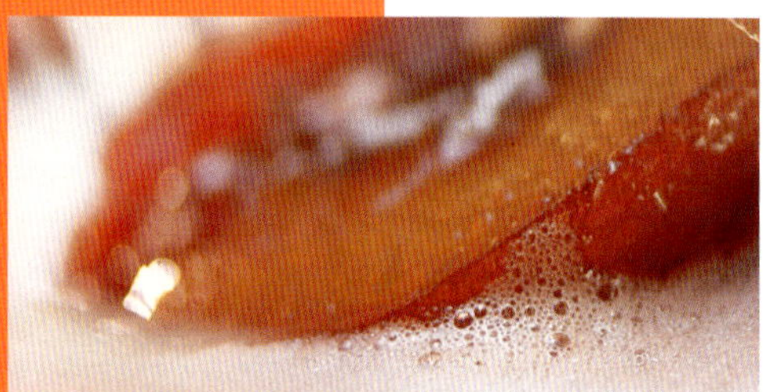

Marinierter Lauch

Lauch in dieser Version mariniert, eignet sich gut zu Variationen mit wechselnden Zutaten. Etwa mit gerösteter Geflügelleber, fein geschnittenem Rauchschinken oder gebratenen Pilzen.

6 Personen

6 schöne Lauchstangen
2 Schalotten, fein gewürfelt
1 Bund Estragon
3 El Estragonessig
9 El Olivenöl
1 Tl Dijoner Senf
Salz, weißer Pfeffer

Den Lauch putzen, dabei alle grünen und grobfasrigen Blätter entfernen, längs halbieren, so dass der Lauch vom Strunk zusammengehalten wird, und rasch unter fließendem Wasser waschen. In siedendem Salzwasser 3 bis 4 Minuten kochen, mit einer Schaumkelle herausnehmen und sofort in Eiswasser abschrecken, Wasser abschütten und die noch lauwarmen Lauchhälften auf Teller verteilen.

Mit der Vinaigrette aus Estragonessig, Olivenöl, Schalottenwürfeln, fein geschnittenem Estragon und Senf beträufeln; rasch servieren.

Gerösteter Jagst-Aal in Salbeibutter

Den Aal küchenfertig vorzubereiten bedarf etwas Erfahrung und handwerklicher Übung; am besten vom Fischhändler gleich häuten und in Stücke schneiden lassen. Der Aal, so zubereitet – also auf alles Beiwerk verzichtend –, schmeckt am besten. Hinterher ein Schnaps für die Verdauung kann nicht ganz falsch sein; den zarteren Gemütern verschafft aber auch eine Mostsuppe Erleichterung.

6 Personen

1,5 kg Aal, in ca. 5 cm lange Stücke geschnitten
1 Bund Salbei
6 Zitronenhälften
Pflanzenöl, Butter
Salz, schwarzer Pfeffer

Aal-Stücke kräftig salzen und pfeffern; in einer schweren Pfanne in Öl ca. 6–8 Minuten kross braten. Das Öl abschütten, Butter und Salbeiblätter in die Pfanne geben, die Aalstücke weitere 2 Minuten in der Butter-Salbei-Mischung wenden und immerzu damit übergießen. Anrichten und mit Zitronenhälften servieren. Dazu passen am besten Salzkartoffeln.

Mostsuppe mit Quarkklößchen

6 Personen

1,2 l halbvergorener Apfelmost
(ersatzweise Cidre)
1/2 Tl grob zerdrückter weißer Pfeffer
1/2 Tl grob zerdrückter Kardamon
5 Blatt Gelatine
4 cl Calvados

für die Quarkklößchen:

200 g Speisequark (20% Fettgehalt)
160 g Zucker
Saft einer Zitrone
0,25 l Schlagsahne
4 Blatt Gelatine

Apfelmost mit den Gewürzen rasch erhitzen (nicht kochen) und durch ein Tuch seihen, eingeweichte Gelatine darin auflösen und im Kühlschrank mehrere Stunden auskühlen lassen.

Speisequark mit dem Zucker verrühren, bis er sich auflöst, eingeweichte Gelatine mit 2 El Wasser erwärmen und aufgelöst zusammen mit dem Zitronensaft rasch in den Quark einrühren. Zum Schluss die Schlagsahne darunter heben und 3 Stunden im Kühlschrank fest werden lassen.

Unter die gelierte Mostsuppe den Calvados rühren und in gekühlte Teller gießen, mit einem heißen Teelöffel aus dem Quark Klößchen ausstechen und in die Suppe einlegen.

Die neue Ess-Klasse: modern, da bodenständig

Rezzo Schlauch

Hohenlohe, wirtschaftlich lange Jahre im Windschatten des boomenden mittleren Neckarraums gelegen und von den Fünfzigern bis in die achtziger Jahre als strukturschwache Region angesehen, ist bis heute stark landwirtschaftlich geprägt. Auf diesem Fundament hat sich in den letzten zehn bis zwanzig Jahren eine hochinnovative, gesunde mittelständische Wirtschaftsstruktur entwickelt. Die Symbiose von mittelständischer Wirtschaft und bäuerlicher Landwirtschaft, wie sie kaum besser zusammenspielen kann, bedeutet eine hohe Lebensqualität in einer noch einigermaßen intakten und vielseitigen Kulturlandschaft. Neben der überall dominanten konventionellen Landwirtschaft, vornehmlich mit Schweinehaltung, hat sich ein sehr dichtes Netz von ökologisch wirtschaftenden Bauernhöfen entwickelt.

Beide Stränge eint eine Landwirtschaftstradition, in der nicht die Agrarindustrie, sondern der Mensch im Vordergrund steht. Als beispielhaft für diese Tradition ist Fritz Strempfer zu nennen, der 1952 im hohenlohischen Weckelweiler seine Bauernschule gegründet hat. Ihm war und ist es mit seinen heute 95 Jahren wichtig, dass »der Mensch sich nicht meilenweit von der Natur entfernt«. Der Bauernverband habe sich leider frühzeitig auf den scheinbar bequemen Weg ziehen lassen und jetzt wehre er sich gegen die Umstellung auf die ökologische Wirtschaftsweise, weil sie »unbequem« sei. Bequemlichkeit und industrielle Interessen, so sagt Fritz Strempfer heute, seien es auch gewesen, die dazu geführt haben, dass viele »mit dem Fortschritt mitgemacht haben, der kein Fortschritt war, sondern in die heutige Sackgasse geführt hat«. Deshalb seien, so seine durch Lebenserfahrung gewachsene Überzeugung, »Katastrophen wie BSE und Seuchen wie

MKS (Maul- und Klauenseuche) notwendig, um die Menschen aufzurütteln«. Bis dahin gelte, »was der Berliner sagt: Es ginge schon, aber es jeeht nicht!«

Noch 1992 argumentierte der langjährige baden-württembergische Landwirtschaftsminister Gerhard Weiser in den Auseinandersetzungen mit den Grünen, die seit den achtziger Jahren den ökologischen Landbau vorangetrieben haben, dass »wir verhungern würden, wenn wir biologisch anbauen würden«. In der Umorientierung der Landwirtschaft sahen Politiker wie Weiser »den Untergang des Abendlandes«; Landwirtschaftspolitik sei außerdem »per se ökologisch«. Die Akzeptanz naturnaher Landwirtschaft ist inzwischen gewachsen; dies liegt an den besagten Katastrophen und an einem gewachsenen ökologischen Bewusstsein.

Nicht erst seit, aber verstärkt durch BSE erleben wir eine gewachsene Sensibilität für die Umwelt und einen ausgeprägten Wunsch nach besserer Qualität der Nahrungsmittel. Was haben wir Grüne uns nicht alles angehört, weil uns die Qualität des Essens nicht egal ist. Von »humorlosen Müslis« bis »weltfremde Romantiker« war alles drin. Doch dabei wird ignoriert, dass schon seit vielen Jahren beispielsweise die Müslitheken bei einem guten Hotelfrühstück reichhaltiger und vielfältiger sind als die Wurstauslagen. So ist es auch kein Zufall, dass die Spitzenköche in der Bundesrepublik Deutschland fast durchweg mit ökologischen Lebensmitteln arbeiten. »Öko« steht eben für schmackhafte Qualität und exquisiten Genuss und nicht für Nischenfragen, wie oftmals behauptet wird.

Für die meisten Feinschmecker ist die Hohenloher Küche unerforschtes Neuland. Seit Mitte des 18. Jahrhunderts wurde in Hohenlohe der Übergang von der Dreifelderwirtschaft mit Brache zur Fruchtfolgewirtschaft vollzogen. Der Anbau neuer Feldfrüchte und Stallfütterung (Ochsenmast), Düngung mit Mist und Kalk (Gipsstollen unterhalb Waldenburgs) wurden vorgenommen, und viele Bauern, die den Reformen offen gegenüberstanden, gelangten zu Wohlstand. In der Region Hohenlohe gab es schon früh Kennzeichen einer nachhaltigen Landnutzung. Damals erlangte das Bœuf de Hohenlohe eine so hohe Qualität, dass es bis nach Paris getrieben wurde und von der französischen Gastronomie als Spezialität auf den Teller kam.

Die traditionelle Küche Hohenlohes ist eine regionale Küche. Die Zutaten werden dabei mit viel Gespür und Können zusammengestellt. Das Geheimnis guter Gerichte liegt im Zusammenspiel von Qualität aus der Region als Ergebnis nachhaltiger Landwirtschaftspolitik, Kreativität in der Zusammenstellung und dem Rückgriff auf die Erfahrungen vieler Generationen. Einer, auf den immer wieder zurückgegriffen wird, ist Pfarrer Johann Friedrich Meyer, der die hohenlohische Landwirtschaft im 18. Jahrhundert reformierte.[1] Er setzte sich dafür ein, dass sich das Denken und Handeln in der Landwirtschaft an der Natur ausrichtete, und ging damit einem Grundsatz nachhaltigen Wirtschaftens nach. Er praktizierte ihn selbst: Er war Pfarrer und Bauer. Er brachte den hohenlohischen Bauernkalender heraus und stützte sich dabei auf die Erfahrungen fortschrittlicher Bauern. Er achtete auf eine intensive Export- bzw. Marktorientierung und drängte auf eine standortangepasste Landnutzung. Er initiierte »Energiesparhäuser«, in denen der Bauer über dem Vieh schlief, damit der Stall die Stube erwärmte und der Bauer etwaige Probleme im Stall erkannte. Wichtige Orientierungspunkte in der Ernährung waren: ein hoher Selbstversorgungsgrad mit einem an die Saison angepassten Speiseplan und gute Qualität.

In Hohenlohe wurden den »Neusiedlern« größere Freiheiten als anderswo gewährt und sie erhielten zum Aufbau ihrer Häuser Holz und andere Hilfen. Im Grunde gab es eine gute Anreiz-Politik mit günstigen Konditionen für Menschen mit Mut zum Risiko. Hohenloher Fürsten schafften im Gegensatz zu anderen Regenten schon sehr früh die Leibeigenschaft ab, und so entstand das hohenlohische Sprichwort »Reiche Bauern – reiche Fürsten!« Zumindest galt für diese Zeit: Die fortschrittliche, die naturnahe Landwirtschaft führt zu Wohlstand. Und Pfarrer Meyer hat eine weitere Erfahrung gemacht, die trivial scheint, aber nicht ist: Um Veränderungen zu erreichen, muss das Beispiel vorgelebt werden, denn durch Anschauung zu begreifen ist extrem wichtig. Aus gegenwärtiger Sicht gesprochen: Die Ökobauern sind die Pioniere der Veränderung hin zu einer zukunftsorientierten Landwirtschaft; sie geben ein »lehrreiches, reizendes, glaubwürdiges und anspornendes Beispiel« zugleich (Meyer).

Es ist natürlich zu einfach zu sagen, wer sich heute der Agrarwende nicht anschließe, werde auch wirtschaftlich keinen Erfolg haben. Aber wenn man bedenkt, dass weit über 90 Prozent der staatlichen Fördermittel und Ausgleichszahlungen auch heute noch in die konventionelle Landwirtschaft fließen, dann wird offensichtlich, dass wir umsteuern müssen. Umsteuern aber auch aus einem anderen Grund: Unsere Essgewohnheiten führen bisher zu einer hohen Nutzung der Primärenergie und damit zu einem hohen Ausstoß von Treibhausgasen. Der Zusammenhang, auf den ich hinweisen will, ist offensichtlich und wegweisend zugleich: Eine Umstellung auf ökologische und naturnahe Lebensmittelproduktion ist gleichbedeutend mit einem Landbau, der weitaus umweltverträglicher ist als die hergebrachte Agrarwirtschaft. Eine Verringerung des Anteils tierischer Lebensmittel ist ein Beitrag zu einem umweltverträglicheren Landbau. Für jeden Einzelnen heißt das aber auch, dass eine Bevorzugung von regionalen und saisonalen Lebensmitteln gleichzeitig mehr Freude und Genuss an qualitativ höherwertigem Essen erlaubt und eine Landwirtschaft fördert, die weniger energie- und rohstoffintensiv produziert.

Die zurzeit dominierende Form der Naturbewirtschaftung ist in hohem Maße weder naturnah noch verantwortungsbewusst gegenüber unseren Kindern. Mit dem Beispiel der Tradition in Hohenlohe möchte ich in Erinnerung rufen, dass ökologische Landwirtschaft in der Regel eine Landwirtschaftsform ist, die von den Bauern selbst gestaltet worden ist. Es waren die Bauern, die wesentliche Landbautechniken entwickelt, sowie die Haustierrassen und Kulturpflanzen gezüchtet haben.

Nach dem Ende des Ersten Weltkriegs jedoch benötigten die Hersteller mineralischen Stickstoffs dringend neue Absatzmärkte. Diese fanden sie in der Landwirtschaft, für die in der Zwischenzeit Mineraldünger als Ersatz für dem Boden entzogene Stoffe propagiert wurde. Und der Bauernverband hat sich für den bequemen Weg Hand in Hand mit der Industrie entschlossen. In dieser Entwicklung kann der Ausgangspunkt für die Verdrängung bäuerlicher Wissenssysteme gesehen werden, aber es gibt keinen Grund, nicht den Weg aus dieser Sackgasse herauszugehen.

1 09.1719 in Herbsthausen geboren; er ging in Öhringen zur Schule, studierte in Jena Theologie und wurde 1745 Pfarrer der evangelischen Gemeinde in Kupferzell, wo er 1798 auch verstarb.

2 Siehe hierzu ausführlich Dhamotharan, Mohan/ Gerber, Alexander: Das bäuerliche und das wissenschaftliche Wissenssystem im Ökologischen Landbau: Möglichkeiten und Grenzen einer Verständigung. Alexander Gerber ist Koordinator für Ökologischen Landbau an der Universität Hohenheim und hat mehrere Jahre die Projektgruppe Kulturlandschaft Hohenlohe an der gleichen Universität begleitet (http://www.uni-hohenheim.de/~kulaholo).

Der Rindfleischverbrauch in Deutschland ist fast wieder auf der Höhe angelangt, die er vor der BSE-Krise erreicht hatte. Die Strukturen, die uns in diesen Schlamassel gebracht haben, sind nur langsam zu verändern, und die Blockaden sind groß. Es wäre falsch, nur der Landwirtschaft die Schuld an der Misere zu geben, weil die gesamte Kette der Nahrungsmittelindustrie einschließlich des Endverbrauchers auf möglichst billig und rationell geeicht ist. Qualität kann aber in erster Linie nur mit den Verbrauchern durchgesetzt werden. Wer nur 3,50 Euro für das Kilo Schnitzel ausgeben will, kann nichts anderes erwarten, als dass es ihm in der Pfanne zusammenschnurzelt. Ob unser Essen gesundheitstauglich ist, fragen wir uns nicht.

Die Industrie hat die bäuerliche Idylle für die Werbung entdeckt, doch davon wird das Essen noch nicht gesünder. Mit dem Bildchen eines Bauernhofs in grüner Landschaft werden zwar »10 frische Eier« verkauft, doch entgegen der Suggestion stammen sie aus der Batteriehaltung. Oder: Der Hinweis »Bodenhaltung« täuscht mit den entsprechenden Bildern Auslaufmöglichkeiten vor, die gar nicht vorhanden sind. So wird in Supermärkten mit Aufschriften wie »aus bäuerlicher Aufzucht«, »aus bäuerlicher Bodenhaltung«, »Hähnchen aus kontrollierter Aufzucht«, »vom heimischen Bauernhof« etc. geworben und damit eine naturnahe Realität vorgegaukelt, die nicht der Wirklichkeit entspricht. Fast originell ist schon der Hinweis »aus Bodenhaltung« bei Mastgeflügel, denn Mastgeflügel stammt ausschließlich aus verschiedenen Formen der Bodenhaltung. Dies entspräche in etwa der Werbung für ein Fahrrad mit dem Hinweis »Mit zwei Rädern und einem Lenkrad«.

Im Oktober 2001 hat die Verbraucherschutz- und Landwirtschaftsministerin, Renate Künast, eine Nutztierhaltungsverordnung durchgesetzt, die besagt, dass ab 2007 keine Hennen mehr in kleinen Käfigen gehalten werden dürfen. Bisher werden, da die Nachfrage nicht gedeckt ist, die Hälfte der Freilandeier vor allem aus den Niederlanden importiert. Und da selbst schon jeder dritte Aldi-Kunde zum Freilandei greift, ist es keine gewagte These, dass die neue Verordnung eine echte Chance für die wirklichen bäuerlichen Betriebe ist.

Neben den Chancen, die sich in ökonomischer Hinsicht eröffnen, gibt es (sozial-)ökologische Chancen für uns, wenn wir die Erfahrungen der bäuerlichen Betriebe aus der Erinnerung neu beleben. Nicht von ungefähr gibt es Tausende von Bauernweisheiten und pfiffige Umgangsweisen, die wir als Bauernschläue bezeichnen. Im Leben mit der Natur wird versucht, die Sprache der Natur durch Beobachtung zu verstehen und sie in ihrer Komplexität zu belassen.

Dem gegenüber steht eine Herangehensweise, die die Natur in Einzelheiten zerlegt und dann einzelne Faktoren variiert. Während »der Bauer« natürliche Prozesse als Mensch mit seinen Sinnen wahrnimmt und dabei Gefühl, Intuition und Ratio eine Einheit darstellen, bevorzugen wir oft die Ratio. Während im bäuerlichen Betrieb das nützliche Wissen zirkuliert, das unnütze verschwindet und die Übersichtlichkeit erhalten bleibt, gibt es in der so genannten Wissensgesellschaft eine Wissensexplosion, die die Entsorgung von unnützem Wissen schwer macht.[2] Damit möchte ich überhaupt nicht der Idylle romantisch das Wort reden, ich glaube aber, dass wir gerade in Fragen unserer Ess-Kultur erhebliche Fortschritte machen, wenn wir unsere Traditionen in den unterschiedlichen Regionen Deutschlands wieder ans Tageslicht holen. Wir müssen artgerechte Tierhaltung durchsetzen, umwelt- und verbraucherorientierte Landwirtschaft fördern, den ökologischen Landbau ausbauen und Verbraucherschutz und Transparenz verbessern.

Auch wenn dieses Buch vornehmlich die Qualität von Nahrungsmitteln und die Kultur des Genusses am Essen im Auge hat, sollte nicht übersehen werden, dass das Muster, das dem zu Grunde liegt, auch auf die Politik übertragbar ist. Es geht um einen ganzheitlichen Politikansatz, der die Kette von der ökologischen Erzeugung der Grundnahrungsmittel bis zur gesunden Ernährung, die Kette vom bäuerlichen Stall über den Metzger und Kochtopf bis zum saftigen Braten auf dem Tisch oder vom Acker über den Bäcker bis zum gut und herzhaft schmeckenden Brötchen zum Frühstück zusammenführt. Gutes ökologisches Leben ist nicht von Verzicht gekennzeichnet. Die Wertschöpfung wird durch Qualität und Genuss erreicht. Und davon profitieren nicht nur die Verbraucher: Die Umwelt, die Bauern, das Handwerk, die Region und die nachfolgenden Generationen können so zu Gewinnern werden.

2000 Muskattrollinger trocken	Blutwurst mit geschmorten Äpfeln und Zwiebeln
Weingut Graf Adelmann,	Metzelsuppe
Kleinbottwar	Weckauflauf mit Rosinen und Holundersauce
2000 Rödelseer Schwanleite	Pastinakensalat mit gerösteter Geflügelleber
Grauer Burgunder Spätlese trocken	Kohlroulade mit Hohenloher Lamm
Weingut J. Ruck, Iphofen	Schokoladenpastete mit Orangensauce
2000 Lemberger trocken	Festtagssuppe
Weingut Graf von Neipperg,	Siedfleisch vom Bœuf de Hohenlohe mit Meerrettichsauce und
Schwaigern	süß-saurem Kürbis
	Apfeltarte mit Vanilleeis

Blutwurst mit geschmorten Äpfeln und Zwiebeln

In größeren Mengen als Hauptgericht gekocht, passt Kartoffelpüree gut dazu.

6 Personen

6 mittelgroße Boskop-Äpfel
6 mittelgroße Zwiebeln
36 Scheiben Blutwurst (Blunzenwurst ähnlich der frz. »boudin«)
1 Bund frischer Majoran
1 Schuss Apfelessig
Schweineschmalz

Äpfel schälen, sechsteln und das Kerngehäuse herausschneiden; Zwiebeln schälen und ebenfalls sechsteln, so dass sie vom Strunk zusammengehalten werden. Beides in einer Sauteuse zugedeckt in Schweineschmalz schmoren lassen, bis die Äpfel weich und glasig sind und alles zusammen leicht karamellisiert ist. Gezupfte Majoranblätter darunter mischen.

Parallel dazu die Blutwurstscheiben in Schweineschmalz anbraten und mit den Äpfeln und Zwiebeln im Wechsel auf flachen Tellern anrichten.

Die Sauteuse mit einem Schuss Apfelessig ablöschen und die verbleibende Flüssigkeit über die Blutwurst träufeln.

Metzelsuppe

Metzelsuppe war eine häufig Gabe der Bauern an die Pfarrersfamilie Schlauch; unerschöpflich dabei war der Erfindungsreichtum von Mutter Schlauch, wenn es galt, immer weitere Variationen zu finden. Die klassische Metzelsuppe kann nur bei Hausschlachtungen gewonnen werden, allerdings lässt sie sich auch beim Metzger erfragen

6 Personen

2,5 l Metzelsuppe (Wurstbrühe)
3 mittelgroße Karotten
1 Sellerieknolle
3 Bund Lauchzwiebeln
360 g Kartoffelwürfel
300 g Schweinegrieben
2 El Blattpetersilie
2 El Schnittlauchröllchen
3 El Liebstöckel
Butter zum Dünsten
Salz, weißer Pfeffer, Muskat

Karotten schälen und in Scheiben schneiden, die Sellerieknolle in entsprechend große Stücke schneiden, Lauchzwiebeln putzen und quer halbieren. Das Gemüse in Butter ca. 10 Minuten dünsten, ohne Farbe nehmen zu lassen. Kartoffeln zugeben, mit der Metzelsuppe auffüllen und 20 Minuten köcheln lassen. Kräuter untermischen, mit Salz, weißem Pfeffer aus der Mühle und Muskat würzen. Schweinegrieben in einer Pfanne rösten und separat servieren.

Weckauflauf mit Rosinen und Holundersauce

Die feine Version dieses Auflaufs, quasi die für sonntags, lässt sich anstelle der Brötchen mit übrig gebliebenem Hefezopf erzielen.

Holunderbeeren sind mit die ersten Früchte des Jahres, von daher wird ihr kulinarischer Gehalt häufig unterschätzt. Holundersträucher werden links liegen gelassen und kaum abgeerntet. Dabei eignet sich der Holundersaft gut zum Einmachen in Flaschen oder Gläsern, damit auch in der Winterzeit ein wenig Frühling auf den Tisch kommt und die Kinder vor Erkältung geschützt sind. Wenngleich Kinder heiße Holunder- oder, wie man in Norddeutschland sagt, Fliederbeersuppe hassen. Aber gesund hält sie halt trotzdem.

6 Personen

6 altbackene Brötchen
6 El Rosinen
0,5 l Milch
4 Eier
1 Tl Zimt
100 g Zucker
100 g Butter
0,08 l Rum

für die Sauce:

500 g Holunderbeeren
250 g Zucker

Die Brötchen in Scheiben schneiden; Rosinen eine halbe Stunde in Rum einweichen; Milch, Eier, Zimt und Zucker gut vermengen.

Die Brötchen werden zusammen mit den Rosinen in eine ausgebutterte Kastenform eingeschichtet und mit der Eiermilch gleichmäßig übergossen; dabei mit einem Spatel ein wenig festdrücken. Mit Butterflocken belegen und im vorgeheizten Backofen bei 180°C ca. 40 Minuten backen, bis sich eine goldbraune Kruste gebildet hat.

Holunderbeeren zusammen mit dem Zucker mixen und durch ein Haarsieb passieren.

Den Weckauflauf noch heiß aus der Form nehmen und mit der Holundersauce servieren.

Pastinakensalat mit gerösteter Geflügelleber

Die Pastinake ist eines des ältesten Gemüses, das in Hohenlohe kultiviert wurde. Lange bevor etwa die Kartoffel eingeführt wurde, war sie der Hauptbestandteil der täglichen Ernährung. Heute wird sie immer noch geschätzt, wegen ihres hohen Zuckergehaltes, der in Form dieser Vorspeise gut mit der Geflügelleber harmoniert

6 Personen

6 mittelgroße Pastinaken
300 g Geflügelleber
Endiviensalatherzen
3 El Sherry-Essig
4 El Olivenöl
5 El Pflanzenöl
1 Tl fein gehackte Weinraute
einige Petersilienblätter
5 cl Cognac
5 cl Madeira
5 cl Portwein
Butter zum Anbraten und für die Reduktion, Salz, weißer Pfeffer

Pastinaken schälen und 25 Minuten im Dämpfer garen, in Scheiben schneiden und noch warm mit der Marinade aus Sherry-Essig, Oliven- und Pflanzenöl und Weinraute anmachen; 20 Minuten zugedeckt ziehen lassen. Auf Endiviensalatherzen anrichten und mit den Petersilienblättern garnieren.

Geflügelleber in einer Pfanne mit Pflanzenöl heiß rösten, bis sie gar ist, aus der Pfanne nehmen, den Bratsatz mit Cognac, Madeira und Portwein ablöschen. Wenn die Flüssigkeit auf die Hälfte reduziert ist, mit einigen kalten Butterstückchen binden.

Die Geflügelleber hineingeben und durchschwenken, so dass sie rundum mit der Sauce überzogen ist und auf dem Pastinakensalat anrichten.

Kohlroulade mit Hohenloher Lamm

Keine Angst vor Lammhackfleisch! Es gehört mit zum Aromatischsten und Schmackhaftesten, was in eine Kohlroulade wandern kann.

6 Personen

12 große Weißkohlblätter
800 g Lammhackfleisch
2 altbackene Brötchen
etwas Milch
4 El gehackte Schalotten
3 Eier
2 Tl Dijoner Senf
1 Tl fein gehackte Sardellen
1 Tl fein gehackte Kapern
5 Thymianzweige
2 fein gehackte Knoblauchzehen
Speckschwarte
Butter zum Anbraten, Salz, weißer Pfeffer, Paprika

für die Sauce:

0,5 l Fleischbrühe
0,3 l trockener Weißwein
3 El Crème fraîche

Aus einem Weißkohlkopf den Strunk herausschneiden; ihn ganz in siedendes Wasser geben und nach und nach einzelne Blätter ablösen, sofort in Eiswasser abschrecken. Herausnehmen, gut abtropfen lassen und mit Küchenkrepp sorgfältig trocknen.

Die altbackenen Brötchen in Scheiben schneiden und in etwas Milch einweichen. Das Lammhackfleisch rasch und kräftig mit den Schalotten, ausgedrückten Brötchen, den Gewürzen, Sardellen, Senf und Eiern zu einer gleichmäßigen Masse kneten. Diese auf den flach ausgelegten Kohlblättern zu Häufchen verteilen, jeweils die Ränder eines Kohlblattes einschlagen und zu einer Roulade formen, die am besten mit einem Holzzahnstocher zusammengehalten wird.

In einer Kasserolle in Butter rundum anbraten und zusammen mit einem Stück Speckschwarte zugedeckt im Ofen 20–30 Minuten schmoren lassen. Die Kohlrouladen herausnehmen und den Bratensatz mit der Fleischbrühe und dem Weißwein ablöschen und auf die Hälfte reduzieren lassen.

Die Flüssigkeit durch ein Spitzsieb passieren und mit der Crème fraîche binden. Die Kohlrouladen auf einer Platte anrichten und mit der Sauce übergießen.

Schokoladenpastete mit Orangensauce

Dieser Nachtisch macht doch einige Arbeit – aber die lohnt sich. Obendrein lässt sich die Schokoladenpastete gut einen oder zwei Tage im Voraus vorbereiten.

12 Personen

120 g bittere Schokoladenkuvertüre
100 g Butter
110 g Puderzucker
5 Eigelb
1 Vanilleschote
4 Eiweiß
50 g Mehl
120 g sehr fein gemahlene Mandeln
Kakao zum Bestäuben

für die Füllung:

200 g bittere Schokoladenkuvertüre
0,2 l Läuterzucker
0,2 l starker Mokka
0,1 l Orangenlikör
einige Spritzer Cognac
150 g Bitterorangenmarmelade

für die Sauce:

Saft von 4 Orangen
etwas Schale von einer Orange
150 g Zucker
4 Gelatineblätter

Die Kuvertüre im warmen Wasserbad langsam schmelzen lassen. Die Butter mit 40 g Puderzucker und den Eigelben schaumig schlagen. Die Vanilleschote längs aufschlitzen, das Mark herausschaben und zusammen mit der lauwarmen Kuvertüre unter die Eigelb-Butter-Masse rühren.

Die Eiweiße steif schlagen und zusammen mit dem gesiebten Mehl und dem übrigen Puderzucker sowie den gemahlenen Mandeln unter den Schokoladenteig heben.

In eine ausgebutterte rechteckige Kastenform füllen und im auf 160°C vorgeheizten Backofen 40 Minuten backen lassen. Den Kuchen aus der Form nehmen und möglichst einen Tag ruhen lassen.

Für die Füllung Kuvertüre im warmen Wasserbad schmelzen lassen und mit dem Mokka, dem Läuterzucker, Orangenlikör und Cognac vermischen. Den Kuchen längs in 8–10 feine Platten schneiden und zusammen mit der Schokoladenmischung in der Kastenform abwechselnd einschichten, dabei die Schokoladenmasse mit einem Löffelrücken etwas »einmassieren«. Zwei Schichten werden im unteren und oberen Bereich mit Bitterorangenmarmelade eingestrichen.

Alles mit einem Brettchen beschweren und mindestens 2 Stunden im Kühlschrank durchziehen lassen.

Frisch gepressten Orangensaft zusammen mit dem Zucker und einem Stück Orangenschale erwärmen und die eingeweichten Gelatineblätter darin auflösen; kalt stellen.

Die Schokoladenpastete in Scheiben schneiden, kräftig mit Kakao bestäuben und mit der Sauce anrichten. Evtl. mit einigen kandierten Orangenresten garnieren.

Festtagssuppe

Nahezu jede süddeutsche Region reklamiert diese Suppe als zu ihrem kulinarischen Repertoire gehörend. Mal heißt sie Hochzeitssuppe, mal Festtags- oder Klößchensuppe.

Allen Bezeichnungen gemein ist allerdings der Umstand, dass sie doch ein wenig Arbeit und Aufmerksamkeit erfordert; wäre dies nicht so, müsste sie Alltagssuppe heißen, und dem entspricht sie bestimmt nicht. In Hohenlohe jedenfalls ist keine Taufe, Konfirmation, kein Geburtstag und keine Hochzeit ohne diese Suppe denkbar

6 Personen

2 l frische kräftige Fleischbrühe
3 El Schnittlauchröllchen
Salz, weißer Pfeffer, Muskat

Markklößchen:

40 g Rindermark
60 g Brösel
1 Ei
Salz, Muskat

Fleischklößchen:

250 g feines Kalbfleischbrät
4 El fein gehackte Schalotten
2 El fein gehackte Petersilie
1 El Butter
4 El Brösel
4 El Sahne
2 Eier
Salz, weißer Pfeffer

Gebackene Klößchen:

0,125 l Milch
50 g Butter
80 g Grieß
2 Eier
Salz, Muskat
Öl zum Frittieren

Für die Markklößchen das ausgelassene Rindermark mit dem Schneebesen schaumig schlagen, abwechselnd in kleinen Mengen Brösel und Ei sorgfältig darunter mischen. Mit Salz und Muskat aus der Reibe würzen. Abgedeckt 30 Minuten ruhen lassen. Danach zu Klößchen mit max. 1 cm Durchmesser rollen und in kochendem Salzwasser 20 Minuten garen lassen.

Für die Fleischklößchen die fein gehackten Schalotten in Butter glasig dünsten und die fein geschnittene Petersilie darunter schwenken. Mit einem Rührlöffel das Kalbfleischbrät aufarbeiten und wechselweise Brösel, Eier und die Sahne darunter mengen. Die abgekühlten Schalotten dazugeben und mit Salz und weißem Pfeffer würzen.

Mit einem Teelöffel, der zwischendurch immer wieder in heißes Wasser getaucht wird, entsprechend zu den Markklößchen kleine Nocken ausstechen und in Salzwasser 10 Minuten pochieren (nicht kochen lassen).

Für die gebackenen Klößchen die Milch zusammen mit der Butter, dem Salz und Muskat zum Kochen bringen, den Grieß dazuschütten und alles auf dem Feuer kochen, bis sich die Masse vom Topfboden löst (Brandteig). Dabei mit einem Holzrührlöffel immerzu rühren. Die Masse in eine Rührschüssel geben, etwas auskühlen lassen und die Eier sorgfältig darunter mischen. In eine Fettspritze mit Sterntülle geben und in heißem Öl zu kleinen Sternchen portioniert backen, bis sie eine goldgelbe Farbe haben. Danach mit einem Drahtlöffel herausnehmen und auf Küchenkrepp abtropfen lassen.

Die Fleischbrühe vom Siedfleisch abschöpfen und durch ein Tuch passieren. Mit Salz, weißem Pfeffer und Muskat würzen. Die Klößchen in eine Suppenterrine geben, mit der heißen Fleischbrühe übergießen und Schnittlauchröllchen einstreuen und servieren.

Siedfleisch vom Bœuf de Hohenlohe mit Meerrettichsauce und süß-saurem Kürbis

Siedfleisch vom Bœuf de Hohenlohe in dieser Version ist klassischer Bestandteil des Hohenloher Kuhessens, das noch vereinzelt in Hohenloher Gasthäusern zur Winterzeit angeboten wird. Im »Hirschen« wäre das Jahr ohne ein solches traditionelles Essen, bei dem Fleisch in üppigen Portionen serviert wird und ordentlich gefüllte Terrinen mit Nudelsuppe vorweg gegeben werden, nicht denkbar. Diese Attraktion ist weit über die Grenzen Hohenlohes hinaus bekannt und zieht auch weit entfernte Besucher an.

Die Meerrettichsauce verträgt so viel geriebenen Meerrettich, wie es ihrem Geschmack entspricht; schärfer oder milder gehalten hat keinen Einfluss auf den Geschmack des Fleisches. In Hohenlohe allerdings ist es gängige Meinung, dass Meerrettichsauce »die Nase raufgehen« und »die Augen nass machen muss«; das heißt, um als angemessen empfunden zu werden, muss die Sauce scharf sein.

6 Personen

2 kg Bugrolle vom Limpurger Ochsen
2 kg Markknochen
2 Karotten
1 ungeschälte Zwiebel
1/2 Sellerieknolle
1 Lauchstange
2 Knoblauchzehen
1 Lorbeerblatt
1 Tl Pfefferkörner
5 Wacholderbeeren
3 Gewürznelken
Salz, weißer Pfeffer, Muskat

für die Meerrettichsauce:

1/2 Stange Meerrettich
1 Zwiebel
1 Lauchstange
1 Knoblauchzehe
1/2 Lorbeerblatt
1 Tl weiße Pfefferkörner
40 g Butter
60 g Mehl
0,4 l Milch
0,5 l Fleischbrühe
0,2 l Sahne
Salz, weißer Pfeffer

Die Markknochen und das Rindfleisch in reichlich Salzwasser blanchieren und unter fließend kaltem Wasser abspülen. Die Knochen in einem Suppentopf mit reichlich kaltem Wasser aufsetzen und 2 Stunden leicht köcheln lassen, das Fleisch einlegen und weiterköcheln lassen, nach 1 Stunde die geputzten und gewaschenen Suppengemüse und die Gewürze zugeben. Das Rindfleisch von der Bugrolle wird nach ca. 90 bis 120 Minuten, je nach Beschaffenheit des Fleisches, weich gekocht sein. Das Siedfleisch herausnehmen, die Brühe durch ein Tuch passieren und mit Salz, weißem Pfeffer aus der Mühle und frisch geriebener Muskatnuss würzen.

Zwischenzeitlich für die Meerrettichsauce die grobwürflig geschnittene Zwiebel und das in grobe Streifen geschnittene untere weiße Ende des Lauchs in der Butter, ohne Farbe nehmen zu lassen, anschwitzen, bis es glasig wird, mit dem Mehl bestäuben und kurze Zeit weiterdünsten, dabei ständig rühren, um keine Farbe entstehen zu lassen. Mit Fleischbrühe und Milch auffüllen und weiterrührend zum Kochen bringen; die Gewürze zugeben und weitere 20 Minuten köcheln lassen.

Die Sauce durch ein Spitzsieb passieren, dabei die Gewürze gut ausdrücken. Die Meerrettichstange schälen und mit einer feinen Rohkostreibe in die Sauce reiben, gleich untermischen, damit der Meerrettich seine weiße Farbe behält. Mit der Sahne kremig rühren, mit Salz und weißem Pfeffer aus der Mühle würzen.

Fortsetzung auf Seite 108

Siedfleisch vom Bœuf de Hohenlohe mit Meerrettichsauce und süß-saurem Kürbis

Kürbis süß-sauer in der beschriebenen Weise zubereitet eignet sich bestens zur Vorbereitung für ein Essen oder zum Einkochen in Gläser im Herbst; so bleibt ein ständiger Vorrat für die Winterzeit. Auch gut verschlossen im Kühlschrank aufbewahrt, ist er lange Zeit haltbar. Mein Lieblingskürbis ist unter der Vielzahl der verschiedenen angebotenen Sorten der Muskatkürbis (Muscat de provence) geworden, er hat orangefarbenes festes Fleisch und schmeckt würzig, was auch bestens zur Verwendung als Suppe geeignet ist.

für den süß-sauren Kürbis:

0,4 kg Muskatkürbis, geschält, entkernt und in ca. 4 cm lange Stifte geschnitten
1 l Wasser
0,25 l Weißweinessig
300 g Zucker
3 Sternanis
1 Zimtstange
5 Gewürznelken
1 Stück Zitronenschale
1 Stück Ingwer

Fortsetzung von Seite 106

Für den süß-sauren Kürbis aus Wasser, Weißweinessig, Zucker und den Gewürzen einen Sud in einem großdimensioniert flachen Topf kochen – die Kürbisstifte sollen darin dann möglichst flach nebeneinander liegen; die Muskatkürbisstifte in den heißen Sud einlegen und 5 Minuten ziehen lassen, dabei nicht mehr kochen; vom Feuer nehmen und über Nacht auskühlen lassen.

Den Sud in einen Topf abschütten, erneut erhitzen und auf die Hälfte seines Volumens einkochen lassen, die Muskatkürbisstifte wiederum einlegen und wiederholt 5 Minuten ziehen lassen. Diesen Vorgang drei bis vier Mal wiederholen, bis die Kürbisstifte glasig geworden sind und der Sud nahezu vollständig von dem Gemüse aufgenommen wurde.

Das Siedfleisch in 2 cm starke Scheiben schneiden, auf einer Fleischplatte anrichten und mit etwas heißer Fleischbrühe übergießen. Die Meerrettichsauce und den süß-sauren Kürbis separat servieren. Dazu passen gut Kartoffelrösti, Bratkartoffeln oder, wer es weniger schwer haben will, Salzkartoffeln.

Apfeltarte mit Vanilleeis

Dieser Apfelkuchen ist eine Anleihe an die Toskana; er ist rasch herzustellen und schmeckt einfach göttlich; gleichzeitig macht er deutlich, dass ein völlig anderer, interessanter Geschmack entsteht, geht man im Umgang mit hiesigen Produkten auch einmal ungewohnte Wege. Obendrein verlangt diese Variante geradezu, dass ein Süßwein, etwa ein Vin Santo, oder natürlich eine Beerenauslese oder Trockenbeerenauslese dazu getrunken wird.

6 Personen

100 g Mehl
0,1 l Milch
100 g flüssige Butter
200 g Zucker
1/2 Vanilleschote
2 Eier
1/2 Päckchen Backpulver
5 Boskop-Äpfel
Puderzucker

für das Vanilleeis:

0,5 l Milch
0,5 l Sahne
2 Vanilleschoten
250 g Zucker
8 Eigelbe
ein Spritzer Kirschwasser

Mehl, Milch, flüssige Butter, Zucker, Vanillemark, Eier und Backpulver in einer Rührschüssel zusammenfügen und alles rasch mit einem Schneebesen zu einem glatten Teig (ähnlich einem Pfannkuchenteig) verrühren.

Die Äpfel schälen, vierteln und das Kerngehäuse herausschneiden und mit einer groben Reibe in den Teig reiben. Die geriebenen Äpfel sorgfältig unter den Teig mischen und alles in eine gebutterte Tarte-Form (oder Springform) mit einem Durchmesser von 25 cm geben. Im auf 180°C vorgeheizten Backofen 25 Minuten backen. Die Tarte ein wenig auskühlen lassen, stürzen, in Kuchenstücke schneiden, kräftig mit Puderzucker bestäuben und noch warm zusammen mit dem Vanilleeis servieren.

Für das Vanilleeis die Eigelbe mit dem Zucker schaumig schlagen; zwischenzeitlich die Milch, zusammen mit der Sahne und dem Mark der ausgeschabten Vanille, zum Kochen bringen und über die Eigelb-Zucker-Masse passieren. Bei milder Hitze unter ständigem Rühren bis zur Bindung erhitzen, vom Feuer nehmen und auskühlen lassen. In der Eismaschine gefrieren lassen und kurz vor dem Festwerden einen Spritzer Kirschwasser zugeben.

Bœuf de Hohenlohe

Manfred Kurz

Revolutionen bringen mit beängstigender Sicherheit nicht allein abgeschlagene Köpfe mit sich, sondern zerstören mit hoher Zuverlässigkeit auch gewachsene oder geschaffene Wirtschaftsstrukturen. Schließlich bergen Staatsstreiche immer auch handfeste monetäre Interessen in sich. Schon die Französische Revolution belegt diesen Tatbestand; eine Nahrungsmittelunterversorgung der Bevölkerung bis hin zur Hungersnot waren spürbare Boten des vollzogenen Umsturzes.

Ein ansonsten gesegnetes Agrarland musste mit Nahrungsmitteln, speziell mit tierischem Eiweiß von außen versorgt werden; der Lebendexport nach Frankreich begann. So genannte Ochsenpfade oder -wege lassen sich noch heute besonders im süddeutschen Raum nachvollziehen. Einen Knotenpunkt solcher Ochsenpfade bildete Regensburg in seiner Rolle als wichtige Handelsstadt; dort liefen die Wege aus dem osteuropäischen Raum zusammen. Wege, die ihren Ursprung sogar im heutigen Ungarn hatten.

Aus dem und über den süddeutschen Raum wurden schließlich Rinder in 3 bis 4 Monate andauerndem Trieb bis nach Paris verbracht, wo sie geschlachtet und ihr Fleisch gehandelt wurde. Dieses Verfahren vollzog sich über gut 15 Jahre, bis schließlich die Versorgung aus dem eigenen Land wieder auf die Füße kam. Die Lebendimporte verzeichneten einen Rückgang, mit Ausnahme des begehrten Viehs, das aus Hohenlohe eingeführt wurde: Die außerordentliche Qualität dieses Fleisches erfreute sich solcher Beliebtheit, dass es einen festen Bestandteil aller kultivierten Tafeln in Restaurants und Privathäusern bildete und unter der Bezeichnung Bœuf de Hohenlohe seinen unbestreitbaren Rang einnahm.

Die Blütezeit dieses gewinnträchtigen Handels ist bis zur Mitte des 19. Jahrhunderts auszumachen. Hohenloher Bauern, die sich darauf verstanden, klimperten mit Louisdor in den Taschen und galten in ihrer Heimat bereits damals als gemachte Leute. Politische Wirren, der Krieg der Jahre 1870/71, spätestens der Erste Weltkrieg, setzten dieser speziellen Form der Wirtschaftsbeziehung ein Ende. Der letzte Trieb von Ochsen nach Paris lässt sich mit einiger Sicherheit auf den Beginn des 20. Jahrhunderts datieren. Er ging von der Nähe des Hohenloher Residenzstädtchens Weikersheim aus.

Hundert Jahre sind seitdem vergangen, der Begriff Bœuf de Hohenlohe ist allenfalls noch einigen älteren Zeitgenossen bekannt – und damit auch formelhaft das Wissen um die Wertschöpfung über Genuss. Will sagen, dass für qualitativ hochwertige landwirtschaftliche Erzeugnisse aus Hohenlohe durchaus Chancen gegeben sind, auf einem anspruchsvollen Markt wie dem französischen zu bestehen und sich dauerhaft zu etablieren. Damit verbunden erwächst die Chance, Bauer zu sein ohne staatliche Unterstützung: zufrieden stellende Renditen zu erwirtschaften, gleichzeitig einen volkswirtschaftlichen Beitrag – gewissermaßen zum »Brutto-Hohenlohe-Produkt« (BHP) – leistend und eine selbstständige bäuerliche Existenz sichernd. Der daraus resultierende wertvolle Beitrag zum bäuerlichen Selbstverständnis ist darüber hinaus nicht zu unterschätzen. Dieser Traum scheint realisierbar zu sein, möglicherweise nicht für alle Betriebe, aber zumindest für eine stattliche Anzahl an Höfen, auf denen couragiert und engagiert innovative Arbeit getan wird. Hierin zeigt sich ein Lösungsansatz in Bezug auf die Agrarkrise.

Dass außergewöhnliche, nur schwer kopierbare Qualität sich immer durchsetzen wird, dass das Bessere des Guten Feind ist, diese Regel findet in der Wirtschaft heute fast mehr denn je ihre unverrückbare Bestätigung. Spitze braucht keine Stütze. Politik bei Tisch, mit Messer und Gabel, auf stabilem wirtschaftlichem Fundament, kultiviert und genussvoll betrieben, bis allein nur noch Messer und Gabel übrig bleiben und Politik als regulierendes und einkommensicherndes Instrument überflüssig wird – so lautet die Vision, der sich einige honorige und noble Herren aus Hohenlohe verpflichtet fühlen und die sie der Gründung eines Patronatsvereins als Grundlage vorangestellt haben.

Die Hohenlohe Gesellschaft e.V.
Prämierung 2001
Bœuf de Hohenlohe
Grosser Preis

Der Verfasser hat die Freude und die Ehre, diesem Patronatsverein, der Hohenlohe Gesellschaft e.V., vorstehen zu dürfen. Mit Gelassenheit und gehörigem Selbstverständnis stehen ihm einige bemerkenswerte Zeitgenossen in gemeinsinniger und mäzenatischer Weise bei der Verfolgung eines noblen Ziels zur Seite: Der Verein macht sich zur Aufgabe, das Bœuf de Hohenlohe aus dem Dornröschenschlaf zu erwecken und ihm, zusammen mit einer Gruppe interessierter Bauern, eine stabile und für dessen Erzeuger wirtschaftlich Erfolg versprechende Zukunft mit auf den Weg zu geben.

Die historische Recherche bringt dabei zu Tage, dass alte und genetisch unver-

änderte Rinderrassen in der bäuerlichen Viehzucht kaum mehr aufzufinden sind. Eine Ausnahme bildet die unter Limpurger Rind oder Limpurger Schlag bekannte Rasse. Seit 1850 ist sie mit nur marginal verändertem Blut in einem solch geringen Bestand vorhanden, dass man durchaus von einer ausgestorbenen Rasse sprechen kann. Letztendlich jedoch sind es diese Tiere, die sich historisch betrachtet als einzige noch verbliebene mit dem Bœuf de Hohenlohe des 19. Jahrhunderts in Verbindung bringen lassen. Dem klassischen Dreinutzungsrind, das neben ausdauernder Arbeitskraft eine gleich bleibend gute Milchleistung und hervorragende Masteigenschaften bei Ochsen verspricht, wird zwischenzeitlich wieder von einer eigenen Züchtervereinigung zu Weiterbestand und Prosperität verholfen.

In Zusammenarbeit mit der Züchtervereinigung Limpurger Rind fördert die Hohenlohe Gesellschaft e.V. jährlich veranstaltete Wettbewerbe und Preise, die Definition von höchster Fleischqualität und das Aufzeigen neuer Vertriebs- und Absatzwege. Sie wirkt somit richtungweisend darauf ein, dass in absehbarer Zeit wieder wirkliches Bœuf de Hohenlohe auf den Märkten, womöglich auch in Paris zu finden sein wird. Dabei verfolgt die Hohenlohe Gesellschaft e.V. strikt konservative Aufzucht- und Erzeugermethoden. Der Zeitgeist prägte hierfür den Terminus »Bio«. Das Prädikat Bœuf de Hohenlohe erhalten allein jene Ochsen, die strengen Regeln bei Herkunft und Erzeugung unterworfen sind.

So ist Weidehaltung mit anschließender Endmast im Stall Vorschrift, wie auch der Tatbestand, dass nur Tiere, die älter als 24 Monate sind, als schlachtreif anerkannt werden. Das Resultat aus solcher Restriktion ist ausgereiftes, kerniges und vor allem langsam gewachsenes Fleisch, dem jede Spur von Wachstums- oder leistungsfördernden Mitteln versagt bleibt. Es ist aderngleich durchzogen und abgedeckt mit einem natürlichen Fettansatz, ohne den höchste Qualität bei Rindfleisch nicht auskommt. Bœuf de Hohenlohe kann nur in drei Landkreisen – Hohenlohekreis, Main-Tauber-Kreis, Landkreis Schwäbisch Hall – erzeugt werden, also in dem Gebiet, in dem sich das Territorium Hohenlohe im Sinne der politischen Grenzen von 1806 befindet. Die jeweiligen Bauern müssen sich mindestens dem elitären Regelwerk der Arbeitsgemeinschaft Ökologischer Landbau unterwerfen. Die Hohenlohe Gesellschaft e.V. beobachtet und begleitet als Inhaber des geschützten Markennamens die strikte Einhaltung der Regeln bei der Erzeugung.

Erste Resultate und kleine Erfolge aus der Projektarbeit ermutigen zum Weitermachen; das Interesse eines hochwertigen Marktes ist geweckt worden. Er wartet darauf, mit Rindfleisch erlesenster Güte beliefert zu werden, das wie kein anderes dazu angetan ist, uns allen den Wert handwerklicher und bäuerlicher Anstrengung zu verdeutlichen, das genussvoll spürbar unsere Küche bereichert, wie dies bestenfalls im vergangenen Jahrhundert wenigen vorbehalten war. Köche freuen sich über einen wertvollen Rohstoff, die Bauern über den gerechten Gewinn, bei Tisch freut man sich über einen unvergleichlichen Genuss. Das Ziel Bœuf de Hohenlohe ist allemal lohnenswert.

Grammatik des Rindes

Dem dargestellten Zerlegeschema des Rindes ist eine ganze Reihe verschiedener Fleischteile zu entnehmen; alle haben ihren eigenen Charakter, der beim Kochen deutlich hervortritt. Die meisten Teile für Siedfleisch werden aus dem Bug genommen, wobei natürlich auch die Keule bestens dafür geeignet ist; der berühmte Tafelspitz oder das Bürgermeisterstück jedenfalls wird daraus gewonnen. Einfach ausprobieren, bis das Lieblingsfleischstück gefunden ist.

Die Fleischteile nach der Wiener Schule

1	Lungenbraten mit Zapfen, Mittelstück und Spitz
1 a	Beefsteak
1 b	Chateaubriand
1 c	Tournedos
2	Beiried
2 a	Côte de bœuf
2 b	Rumpsteak
3	Rostbraten
4	Tafelspitz
4 a	Tafelstück
5	Beinscherzel
6, 7, 8	Hüferschwanzel mit Hüferscherzel
10	Ortschwanzel
11	Weißes Scherzel
12	Zapfen
13	Schulter
13 a	Schulterscherzel
14	Rieddeckel
15	Riedhüfel
16 a	Dicker Spitz (Rippenspitz)
16 b	Kruspelspitz
17	Hinteres Ausgelöstes
18	Kavalierspitz
19	Mageres Meisel
20	Fettes Meisel
30	Brustkern
31	Dickes Kügerl
32	Mittleres Kügerl
33	Tristel (Halsstück, vorderes Ausgelöstes)
33 a	ebenfalls Tristel
34	Platte, Zwerchried
36	Dünnes Kügerl

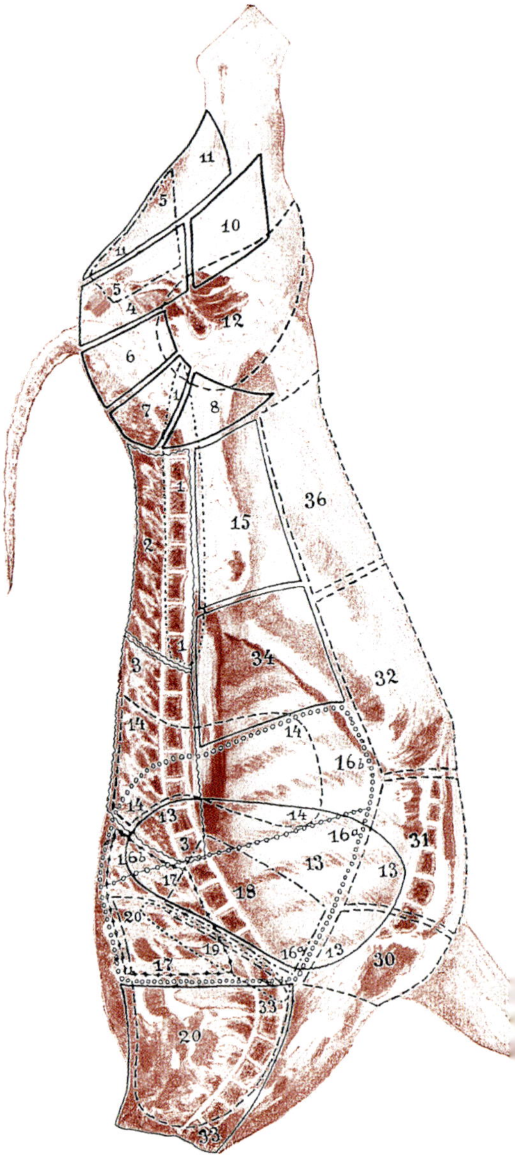

1. Lungenbraten heißt bei uns Lende oder Filet und wird natürlich zunächst einmal zum Braten oder Grillen verwendet. Was seine Berechtigung hat, hingegen soll auch auf die Möglichkeit des Pochierens hingewiesen sein. Dann heißt das bei den Franzosen Bœuf à la ficelle.

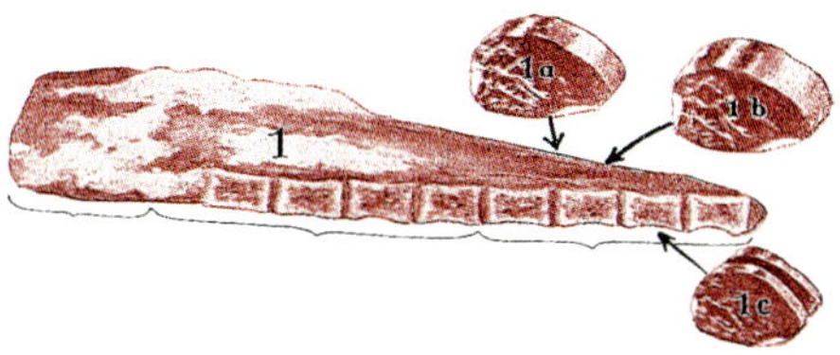

1 a. Ein Chateaubriand ist ein doppeltes Lendenstück von ca. 400 Gramm.

1 b. Ein Beefsteak ist ein Lendenstück; Portionsgröße etwa 200 Gramm.

1c. Ein Tournedos ist ein kleines Stück aus der Lendenspitze von etwa 80 bis 100 Gramm Gewicht.

2. Wird von deutschen Fleischern durchgehend als Rostbraten bezeichnet, ist aber auch unter der Bezeichnung Beiried bekannt. Will man 2 a kaufen, fragt man nach Rinderkotelette, 2 b bleibt Rumpsteak.

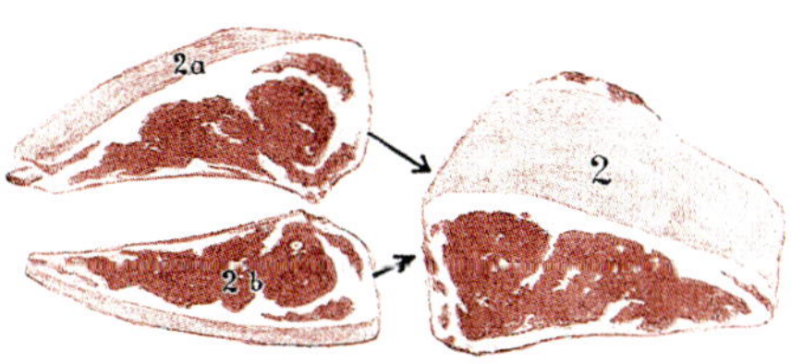

3. Rostbraten, ist ja ohnehin klar. Wird gebraten, muss aber nicht sein, denn ist das Fleisch ausreichend fett, marmoriert, gibt's ein herrliches Siedfleisch.

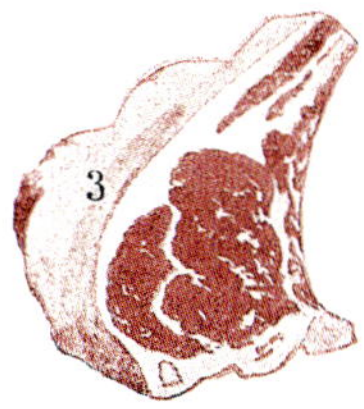

4. und 4 a sind auch hier als Tafelspitz und Tafelstück (a) erhältlich, bleibt also gleich. Ist das bekannteste, jedoch nicht das interessanteste Fleischstück zum Kochen.

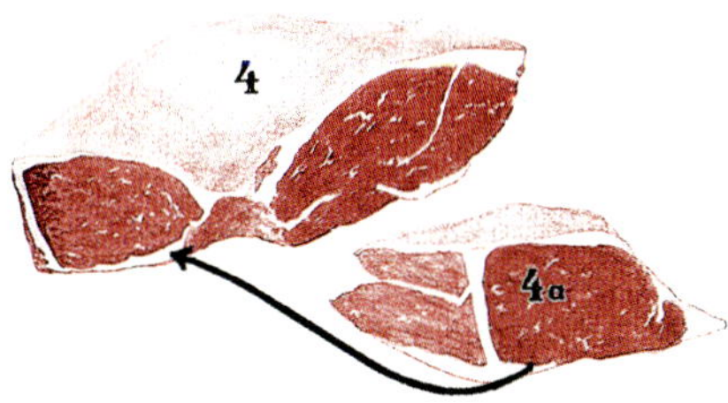

5. Heißt hier Unterschale und wird meist zu Schmorbraten verwendet. Kann von geübten Köchen auch zum Kochen verwendet werden. Dann etwa 2 bis 2,5 Stunden am Siedepunkt halten. Also, nicht wallen lassen.

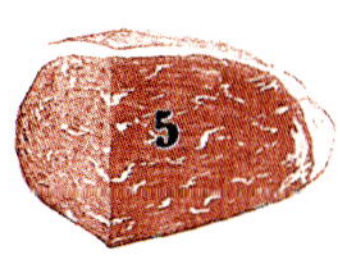

6, 7 und 8. Heißt auf Deutsch »Bürgermeisterstück« und ist delikat zum Kochen. Braucht etwa 1,5 Stunden.

10. Die Oberschale, das in der deutschen Küche klassische Fleischstück für Rinderroulade, was auch auf die Unterschale (Nr. 5) zutrifft.

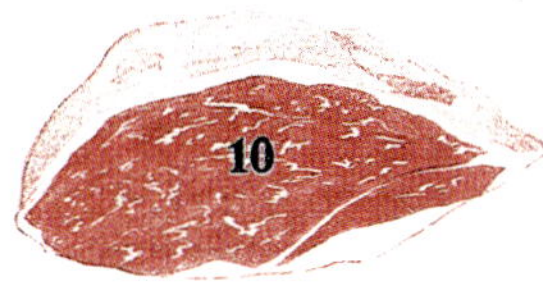

11. Die innere Wade mit daranhängender Schwanzrolle.

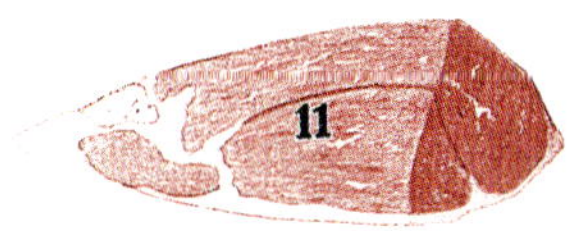

12. Die dicke Nuss.

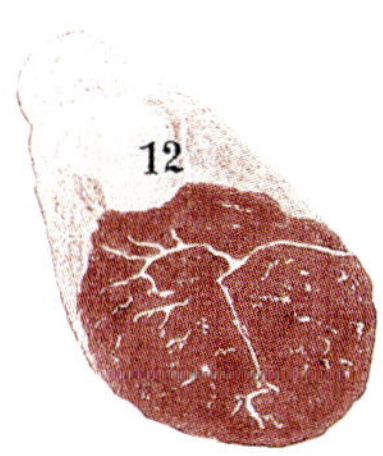

Der Beitrag von Manfred Kurz erschien erstmals in Cotta's Kulinarischer Almanach, 2000/2001. Abdruck mit freundlicher Genehmigung von Klett-Cotta, Stuttgart.

13. Heißt auch bei uns Schulter. Um 13 a zu bekommen, muss nach vorderem Bugblatt gefragt werden. Bei der Schulter ist bemerkenswert, dass der sogenannte deutsche Schnitt ein Teil mehr hervorbringt. Wird die Schulter längs geteilt, entsteht dabei die falsche Lende, ein besonders schönes Stück zum Kochen. Kann dann in etwa zweifingerdicke Scheiben geschnitten werden, bestrichen mit einer Mischung aus Butter, Eigelb, Estragon, Meerrettich und Brösel, bei starker Oberhitze überbacken. Delikat!

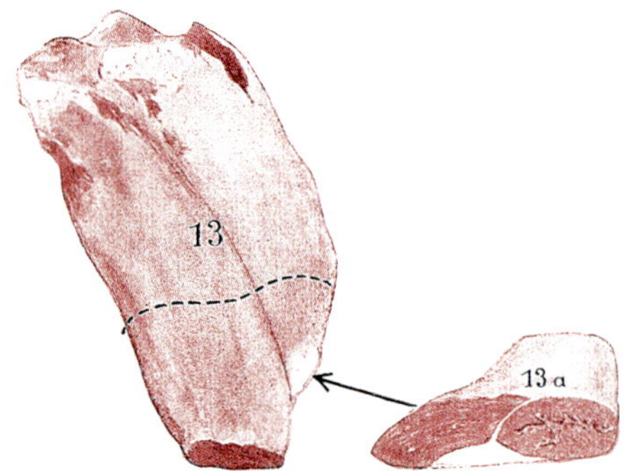

14. Deckel der Hohen Rippe.

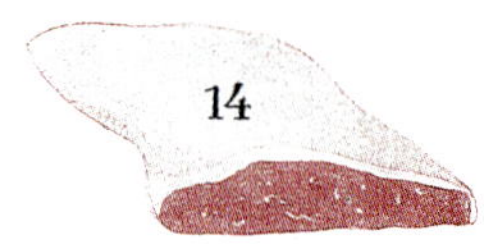

15. Bei hiesigen Metzgern Fleischdünnung genannt und wird zu Wurst verarbeitet.

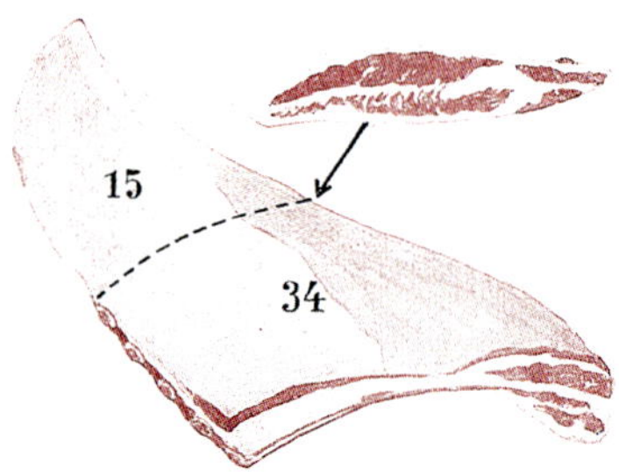

Das gilt auch für Nr. 36, das Dünne Kügerl.

16 a und b ist Zwerch oder auch Überzwerch (wegen Zwerchfell).

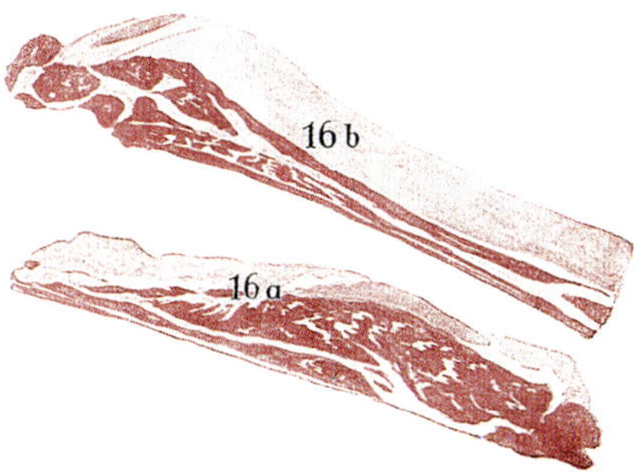

17. Hohe Rippe.

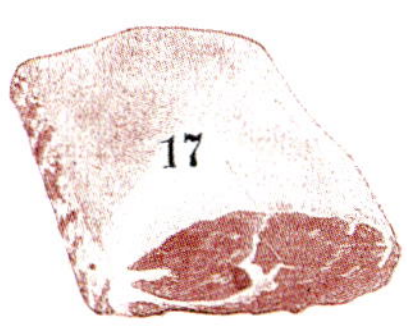

18. Dicker Bug.

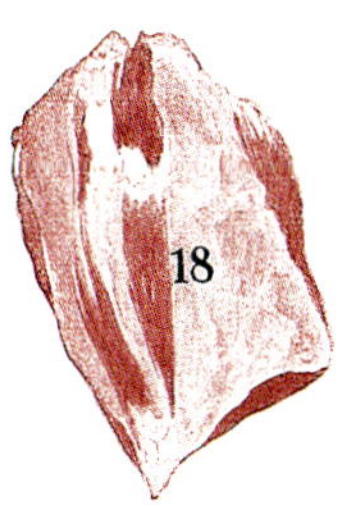

19. Falsche Lende.

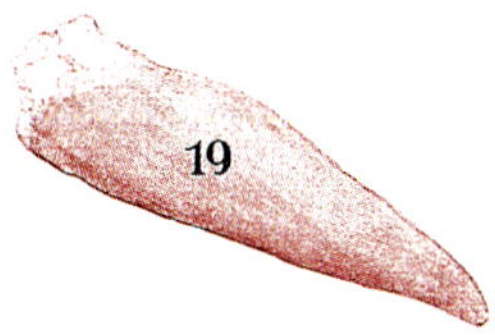

20. Der Deckel vom Hals.

30. und 31. Von deutschen Fleischern nicht unterschieden. Wird als Brust bezeichnet und ist das am häufigsten nachgefragte Fleischstück zum Kochen.

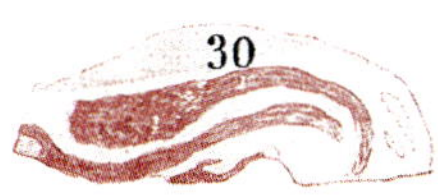

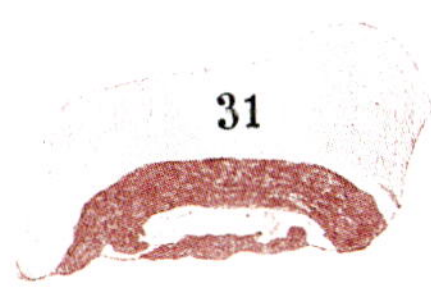

32. und 34. Gibt es kaum im Metzgerladen zu kaufen. Wird als Lappen bezeichnet und wandert üblicherweise in die Wurst.

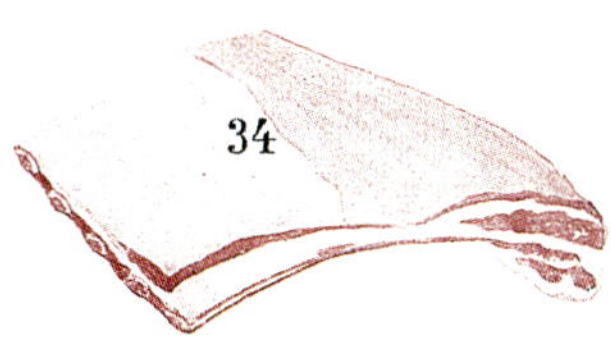

33. und 33 a heißt als Gesamtstück Hals.

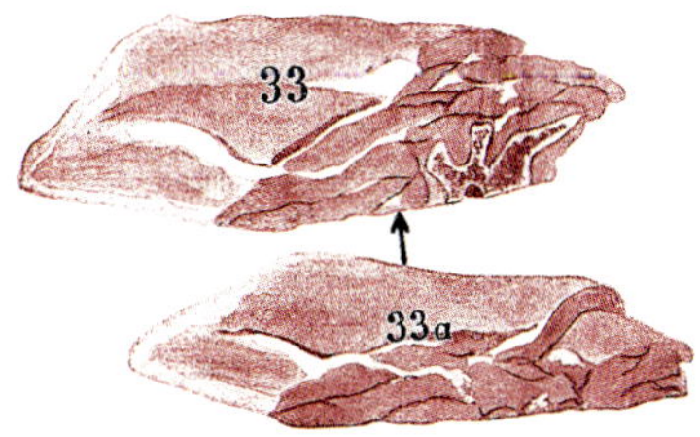

Kräuter und Gewürze

Manfred Kurz

Kräuter und Gewürze sollen stets frisch verwendet werden, nur so entfalten sie ihr volles Aroma. Gewürze werden in einer enormen Preisspanne angeboten, entsprechend ihrer Qualität, so bleibt der Einkauf immer Vertrauenssache. Greifen Sie stets zu höchster Qualität, nur so haben Sie die Gewähr, echten und unverfälschten Geschmack in ihre Speisen zu zaubern. Meiden Sie mit Gammastrahlen zur erweiterten Haltbarmachung behandelte billige Gewürze; gesundheitliche Schäden lassen sich durch die Gammabestrahlung leider nicht ausschließen. Lieber kleine Mengen in kürzeren Abständen nachkaufen. Auch teure Gewürze werden oft verfälscht oder gestreckt, wie dies immer wieder bei Safranpulver, das mit Kurkuma vermischt wird, zu beobachten ist; also, nur Safranfäden einkaufen. Kräuter werden zwar auch tiefgefroren angeboten, bringen dann allerdings nur eine Ahnung des wirklichen Aromas auf den Tisch, da die ätherischen Öle leiden. So sind nun mal Kräuter das Synonym für Sommer schlechthin, und das Warten auf die nächste Saison hat auch ihren Reiz. Zwischenzeitlich kann man sich mit in Gewächshäusern gezogenen Kräutern behelfen, die allerdings nicht die gleiche Intensität wie Gartenpflanzen aufweisen.

Schließlich gilt wie überall im Leben: Nichts ist festgeschrieben; Überdenken, Verwerfen, Ausprobieren und Herausfinden ist spielerisch spannend und bringt Farbe in den Alltag.

Basilikum - Kennen wir, seitdem wir zum ersten Mal Ferien in Italien und Südfrankreich verbracht haben. Dark Opal, Rubin, dunkelrot mit Nelkenaroma; Genoveser, frisch und aromatisch; beides sind Hauptsorten der italienischen Küche. Basilikum würzt stark und ist besonders gut in Kombination mit Olivenöl und Gemüsen.
Beifuß - Auch bekannt als Johannis- oder Gänsekraut, wird besonders für fette Speisen wie Schwein, Gans oder Aal verwendet. Herb-bitterer Geschmack, sparsam verwenden.
Bohnenkraut - Wie der Name schon sagt, passt es gut zu Bohnengemüse und Eintopf, macht aber auch andere Hülsenfrüchte leichter verdaulich.
Borretsch - Passt hervorragend zu Gurken oder anderen kalten Sommersalaten oder zur Verwendung in Marinaden, Mayonnaisen oder Frischkäse.
Dill - Was wäre die Küche ohne dieses vielseitige Kraut? Aal in Dillsauce ist ja ein echter Klassiker; daneben lässt sich Dill besonders für kalte Joghurtsaucen, kalte Gurkensuppe oder Salate verwenden. Besonders viele helle Saucen gewinnen durch Dill, der, wie zahlreiche weitere Kräuter auch, erst kurz vor dem Servieren untergemischt werden darf.
Estragon - Gehört einfach zum Sommer dazu. Huhn in Estragon, Béarnaisesauce sind aus der guten Küche nicht wegzudenken. Verwenden Sie den französischen, Aromatischer oder auch Deutscher Estragon genannt; er ist im Gegensatz zum russischen nicht scharf, sondern entwickelt besonders in Saucen ein unendlich feines Parfum.
Ingwer - Unentbehrlich zum Einlegen von süß-saurem Gemüse, für Marmeladen, Marinaden oder in der Weihnachtsbäckerei; Ingwersaft eignet sich gut, um Fischsaucen zu würzen, oder auch in Kombination mit Schokolade zu Desserts oder Pralinen. Achten Sie darauf, wirklich frischen, jungen Ingwer zu kaufen, Sie erkennen ihn an einer dünnen Haut und festem straffem Fleisch.

Jasminblüte - Blüte eines Ölstrauchs, weist einen intensiven Duft auf, bringt einen Hauch Exotik ins Gebäck.
Kaneel - Dem Zimt verwandtes Gewürz, dabei intensiver im Aroma und schärfer. Wird meist als Paste angeboten.
Kapern - Blütenknospe des Kapernstrauchs, die entweder gesalzen, in Essig oder in Öl eingelegt wird. In verschiedenen Größen erhältlich, sind sie je größer, desto intensiver. Königsberger Klopse sind ohne Kapern nicht denkbar, daneben sind Kapern klein gehackt als Gewürz für Fleisch- oder Fischfarcen nicht wegzudenken. Gut für Fischmarinaden.
Kardamon - Hält ein blumiges süßliches Aroma bereit. Geeignet für Suppen, aber auch Gebäck, besonders für weihnachtliches. Keine Metzgerei kommt ohne Kardamon als Gewürz für die Wurst aus.
Kerbel - Gehört zwingend zum Frühling, hat ein zartes Anis-/Fenchelaroma, das mit Frühlingsgemüse, zarten Salaten oder Spargeln harmoniert. Überdies sind die Zweige optisch schön und gut zum Garnieren geeignet.
Knoblauch - Ist aus den besten und charaktervollsten Küchen der Welt nicht wegzudenken. Von Frankreich bis China wird Knoblauch in vielfältiger Weise verwendet, für Suppen, Saucen, Gemüse, zum Spicken von Fisch und Fleisch oder auch nur, um damit eine Schüssel auszureiben, in der der Salat angemacht wird. Ungeschält und als ganze Zehe mitgegart, bleibt sein Aroma feiner im Hintergrund, wirkt nicht aufdringlich. Gesund bleibt sie so oder so.
Koriander - Hat über den Umweg der asiatischen Küche immer mehr Freunde bei uns gefunden. Die Samen bringen einen exotischen Geschmack in Gerichte mit Innereien, Fisch oder auch Fruchtkompott. Das Korianderkraut mit seinem metallischen Geschmack lässt sich mit Salaten oder mit Fischsaucen bestens kombinieren.
Kresse/Gartenkresse - Bringt einen frisch-herben Geschmack in den Salat oder in den Quark und in die Kräuterbutter. Zu kaltem Roastbeef oder zu Sandwiches unentbehrlich, lässt sich Gartenkresse leicht sogar auf der Fensterbank ziehen.
Kresse/Brunnenkresse - Wächst von September bis April wild an Flussläufen oder im Wasser, die beste Zeit zum Sammeln ist das Frühjahr. Brunnenkresse besitzt ein scharfes rettichähnliches Aroma, ist unverwechselbar im Charakter. Sie eignet sich gut als Salat oder als Würze für Brühen oder Suppen. Blanchiert und püriert lässt sich eine schmackhafte Suppe daraus bereiten.
Kresse/Kapuzinerkresse - Die jungen Triebe eignen sich als Würze für Salate oder Quarkspeisen, besonders hübsch sind die essbaren Blüten als Garnitur.
Kresse/Löffelkresse - Wächst an Meeresküsten und auf anderen salzhaltigen Böden. Hat einen salzig-bitteren Geschmack, junge Blätter eignen sich blanchiert und in Butter geschwenkt als pikante Beilage.
Kreuzkümmel - Dem gewöhnlichen Kümmel verwandt, jedoch mit eigenwilligem scharfem Aroma. Sparsam verwendet, eignet er sich gut für Fruchtkompott oder Gebäck.
Kümmel - Fast zwingend notwendig für alle fetten Speisen, wie Kohl oder Lamm, da er die Verdauung erleichtert und dabei appetitanregend wirkt. Schweinebraten etwa ohne Kümmel ist kein echter Schweinebraten mehr. Wunderbar auch für Brot oder Rotschmierkäse. Kümmelkraut oder Grün ist zu Unrecht bei uns wenig bekannt; es liefert einen interessanten Geschmack für Suppen oder Salaten.
Kurkuma - Fester Bestandteil jedes Currys, bringt es jedoch auch Geschmack in Fischsaucen oder rohe Fischsalate. Daneben färbt es die Speisen gelb, was gut bei Reis passt.
Lauchzwiebel - Nicht allein als Gemüse verwendbar; ist sie jung, kann man sie ähnlich wie Schnittlauch roh und quer in feine Streifen geschnitten Suppen oder Salaten beigeben.
Lavendel - Hat einen wunderbar feinen Duft, der gut mit gedämpften Fischen harmoniert. In Schokoladen oder Pralinen zum Dessert verwendet, entwickelt sich ein interessanter Geschmack. Dessertsaucen auf Sahnebasis (ähnlich Vanillesauce) werden unvergleichlich.
Leinsamen - Wirkt besonders verdauungsfördernd, verleiht Brot einen unverwechselbaren Geschmack.
Liebstöckel - Pfeffriger Duft nach Sellerie, Zitrone und einem Hauch Moschus, würzt kräftig und soll daher sparsam verwendet werden. Gut für alle deftigen Gerichte, wie Erbsen- oder Kartoffelsuppe, Eintöpfe etc.
Lorbeer - Steht dekorativ links und rechts vor der Küchentüre. Die Blätter werden einfach zwingend in nächster Nähe gebraucht, für Brühen, Suppen, Marinaden oder zum Spicken von Fisch. Eintöpfe kommen ohne Lorbeerblatt nicht aus.
Majoran - Ist aus Metzgereien, speziell für Blut- und Leberwürste, nicht wegzudenken. Kartoffelgerichte, Suppen, Fleischfüllungen und Pasteten werden mit frischem Majoran erst richtig gut.
Meerrettich - Kein gekochtes Rindfleisch ohne Meerrettich! Entweder als Sauce, frisch gerieben, mit Äpfeln oder mit Roter Bete gemischt, ist Meerrettich mit seinem brennend scharfen und würzigen Geschmack unentbehrlich für echten Siedfleischgenuss. Meerrettich erst kurz vor dem Servieren in die Sauce geben, er darf nicht mitkochen, da er ansonsten leicht bitter wird. Achten Sie darauf, nur straffe, nicht ausgetrocknete Stangen zu verwenden.
Minze - Erfrischendes und kühlendes Aroma, würzt, sparsam dosiert, kalte Suppen, Saucen, Lamm, Chutneys oder

Obstsalate wunderbar duftig und pfeffrig. Viel zu schade, um sie nur für Tee zu verwenden.

Mohn - Unentbehrlich für Backwaren. Aber auch Cremes oder Halbgefrorenes mit Mohn sind fester Bestandteil eines vorzeigbaren Küchenrepertoires. Mohn darf erst kurz vor Gebrauch geröstet, gemahlen oder gemörsert werden, damit er seinen Duft und Geschmack entfaltet.

Muskatnuss - Muss immer frisch gerieben werden. Würzt kräftig, ist also sparsam dosiert gegen Ende der Garzeit beizumischen; z.B. zu Kartoffelpüree oder Suppen, Spinat, Wirsing und Eierspeisen.

Oregano - Wilder Majoran mit herb bitterem Geschmack und pfeffrigem Duft wird meist in der italienischen Küche etwa für Pizzen, Minestrone, Schmorfleisch oder Eintöpfe verwendet. Eignet sich überdies, um Öl zu parfümieren.

Paprika - Ohne diesen wäre die ungarische Küche nicht denkbar. Aber auch hier zu Lande wird Paprika von sehr mild (Delikatess-) bis sehr scharf (Rosenpaprika) meist für Fleischsaucen und Schmorgerichte verwendet.

Peperoni - Kleine scharfe Paprikaschoten, bei uns auch unter dem Namen Chili bekannt. All jene, denen Paprika nicht scharf genug ist, finden darin das adäquate Gewürz, um thailändisches Feuer auf Hohenloher Esstische zu zaubern.

Petersilie - Ist aus der deutschen Küche nicht wegzudenken. Würzt Salate, Brühen, Saucen, Kartoffelgerichte, eignet sich gut zum Frittieren. In Fleischbrühe mitgekocht und püriert, lässt sich eine köstliche Suppe daraus bereiten. Petersilie wird als krause oder Blattpetersilie angeboten, wobei Letztere immer vorzuziehen ist.

Pfeffer - Beerenfrucht eines Kletterstrauches, die das weltweit meist verwendete Gewürz ist. Schwarzer Pfeffer ist aromatischer und schärfer als weißer, entsprechend ist der Gebrauch für deftige oder feine Speisen. Grüner Pfeffer, meist in Salzlake angeboten, ist die mildeste

Variante, er eignet sich gut, um ihn als Paste den Speisen beizumischen. Je schwerer das Pfefferkorn ist, desto höher ist seine Qualität. Pfeffer stets frisch gemahlen verwenden, so teilt sich erst das Aroma und nicht allein die Schärfe mit. Es ist geradezu erstaunlich, in welcher qualitativen Bandbreite Pfefferkörner – wie andere Gewürze auch – angeboten werden. Und auch hier gilt, wie bei der Beschaffung aller Viktualien: Greifen Sie stets zur höchsten Qualität; auch wenn diese natürlich höherpreisig ist, muss sie im Ergebnis doch nicht teurer bezahlt werden.

Pfefferfenchel - oder Gewürzfenchel bezeichnet die getrockneten Samen und das Grün von wild wachsendem Fenchel, hocharomatisch nach Anis duftend, ist es perfekt zu gegrillten oder gebratenen Mittelmeerfischen. Für hiesige Gefilde eignet es sich ganz besonders zum Marinieren von Lammfleisch.

Pfefferminze - Kreuzung zwischen Grüner Minze und Wasserminze, feiner im Aroma und nicht ganz so scharf wie die gewöhnliche Minze, eignet sie sich besonders zur Verwendung in Fruchtsalaten, Cremes oder feinen hellen Schokoladen.

Piment - Beerenfrüchte eines Myrtengewächses, in Duft und Geschmack mild an Nelke, Muskat und Zimt erinnernd, rundet es Brühen, Fischsauce oder Marinaden ab.

Pimpernell - Vielseitiges Küchenkraut; junge, klein gehackte Blätter mit Olivenöl oder Zitrone beträufelt, können, indem sie den Pfeffer ersetzen, zu allen Blattsalaten gegeben werden. Eierspeisen und Quark damit gewürzt, etwa bereits zum Frühstück, geben den Kick in den Tag.

Portulak - Gemüse- und Würzpflanze mit sanftem, säuerlich nussigem Geschmack, kann Salaten beigemischt oder zu feiner Suppe verarbeitet werden.

Quendel - oder Feldthymian, wild wachsender Thymian, der nicht die gleiche Intensität wie kultivierter Thymian aufweist. Schwächer in Duft und Geschmack, aber auf gleiche Weise verwendbar.

Radieschenblätter - Die Blätter von jungen Radieschen besitzen einen nussigen Geschmack, der sich besonders gut, angemacht mit Essig und Öl, im Salat entfaltet. In Brühe mitgekocht und püriert, lässt sich daraus eine schmackhafte Suppe, ähnlich der Kerbelsuppe, zubereiten.

Rauke - Leicht säuerlich, pfeffrig-bitter schmeckende Blätter, die geschnitten Blattsalaten beigemischt werden.

Raute - Auch als Weinraute bekannt; intensives Küchenkraut, reich an ätherischen Ölen mit herbem, leicht bitterem Geschmack, darf es nur in kleinsten Mengen als Gewürz für Marinaden, zu Wildgerichten verwendet werden.

Rosmarin - Das italienische Küchenkraut schlechthin. Nadeln mit herbem, leicht bitterem Geschmack dürfen nur wohl dosiert verwendet werden, da deren starker Duft leicht überdeckend wirkt. Passt gut zu Wildgerichten, aber auch zu Lamm oder gegrilltem Fisch.

Safran - Das teuerste Gewürz überhaupt. Die getrockneten Blütennarben einer Krokuspflanze schmecken honigähnlich süß bis zartbitter und färben alle Flüssigkeiten tiefgelb. Sparsam verwendet, würzt Safran Fischsaucen, Risotto, Suppen etc.

Salbei - Blätter mit herb würzigem Duft, häufig auch wild wachsend an Wegrändern zu finden. Gut geeignet für Innereien wie Kalbsnieren, Leber oder Kutteln; und natürlich perfekt und verdauungsfördernd zu gebratenem Aal. Wunderbar auch in Backteig getaucht, frittiert und mit Puderzucker bestreut als Beigabe zum Dessert.

Sauerampfer - Ist problemlos im Garten anzubauen. Die Blätter mit deutlich säuerlichem Geschmack eignen sich gut, um sie Blattsalaten beizumischen, oder als Grundlage für Sauerampfersauce und Sauerampfersuppe.

Schnittlauch - Rezzos Klassiker! Ohne Schnittlauch wäre Rezzo wohl nicht geworden, was bis heute aus ihm geworden ist. In feine Röllchen oder aber auch streichholzlang ist er die zwiebelige Würze für Klare Brühen, Saucen, Quark und, und, und...

Senf - Senfkorn, die Grundlage für die ganze Vielfalt von Speisesenf, bringt angeröstet einen mild nussigen Geschmack in Marinaden, Kartoffelsalat oder weiße Saucen. Speisesenf ist nahezu in jeglicher Variante zu haben; sei es Champagnersenf, Dijoner Senf, Düsseldorfer Senf, süßer Senf, Zitronensenf, Grüner-Pfeffer-Senf, Meaux-Senf, Estragonsenf... Kalten oder warmen Saucen beigemischt oder als Grundlage für Kräuterkrusten auf Schwein und Lamm oder einfach nur so zum Tunken, sind die Einsatzmöglichkeiten nahezu unbegrenzt. Einfach ausprobieren.

Sesam - Das Gewürz des Orients. Bringt bei uns Geschmack in Backwaren, als Panierung, für Innereien oder in Füllungen. Sesamöl sparsam für rohe Gemüsesalate verwenden.

Sternanis - Dekorative Samenfrucht eines Magnoliengewächses, bitter süßlicher Geschmack; eignet sich für Fruchtkompott, Zwetschgenmus, Weihnachtsgebäck. Sparsam dosieren.

Thymian - Feines Würzkraut für alle Grilladen, Wild, Innereien, Schmorgerichte, auch für Bratkartoffeln, Pilze, Fenchelgemüse und Füllungen. Zitronenthymian ist die feinere Variante, sie eignet sich besonders gut zum Würzen von Fischgerichten.

Tripmadam - Alte, fast vergessene Gewürzpflanze, deren fleischige Blätter eine milde Schärfe aufweisen und zum Würzen von Salaten, Suppen oder Kartoffelgerichten geeignet sind.

Vanille - Das Gewürz der Patisserie schlechthin. Eis, Saucen, Kuchen, Torten, Cremes, Füllungen, Schokoladen... ohne Vanille undenkbar. Die Schote, eine Kapselfrucht einer Orchideenart, liefert feinstes Parfum, das kreative Köche zu Experimenten mit Krustentiergerichten oder Fischen aus dem Sud ermuntert.

Vogelbeere - Scheinfrucht der Eberesche mit herbsäuerlich bittersüßem Geschmack, sollte nach dem ersten Frost gepflückt werden und kann für Gelees, Kompotte, Marmeladen oder Wildsaucen verwendet werden.
Wacholderbeere - Herb und leicht süß würzig; gut für Marinaden und Saucen zu Sauerbraten, Wild, Roter Bete etc.
Waldmeister - Wild wachsendes Kraut, das im Frühling vornehmlich in Buchenwäldern zu finden ist. Würzt Kaltgetränke (Bowle), Gelees, Eis, Cremes und Fruchtsuppen.
Wermut - Sehr bitteres, herbwürziges Würzkraut, das meist bei der Herstellung von Getränken verwendet wird. Ungewöhnliche aromatische Komponente etwa bei Tomatensuppe oder für fette Speisen, wie Gans oder Hammel.
Wildkräuter - wie Bärlauch, Brennnessel, Brunnenkresse, Gänseblümchen, Giersch, Gundelrebe, Huflattich, Löwenzahn, Schafgarbe, Spitzwegerich, Wiesenschaumkraut sollten an möglichst staub- und düngerfreien Stellen, etwa auf Waldlichtungen, an Teich- oder Bachrändern gesammelt werden. Sie sind eine würzige Alternative zu den herkömmlichen Küchenkräutern.
Ysop - Kräftig, aromatisch, herb, passt frisch gehackt (darf nicht mitgekocht werden) zu Fleischragouts, Aufläufen, Pasteten. Auch zu grünen oder Rohkost-Salaten.
Zimt - Als Stangen oder Pulver erhältlich, verleiht es allen Süßspeisen mit Äpfeln eine aparte Note, die Weihnachtsbäckerei kommt ohne Zimt nicht aus, Kinder lieben Zimtzucker (gemahlener Zimt mit Zucker vermischt) auf dem Grießbrei. Sparsam dosiert in Wildsaucen, erzeugt Zimt einen interessanten Geschmack.
Zitronenmelisse - Nach Zitrone duftendes Gartenkraut, würzt Fruchtsuppen oder Obstsalate; auch gut für Salatmarinaden oder Kräuterbutter, Zitronenmelisse sollte nicht mitgekocht werden.

Aus dem Bächlinger Dorfbackhaus:

Molkeblooz

Ein Liter Vollmilch direkt vom Stall (keine gekaufte oder erhitzte Milch). In zwei bis drei Tagen (je nach Klima) sauer werden lassen (gestockte Milch). In die gestockte Milch rührt man 2 Esslöffel Grieß und zwei Eier. Dann zwei Liter frische Stallmilch aufkochen lassen und die Masse mit der gestockten Milch langsam hineinfließen lassen, dabei aber nicht viel rühren, sondern den Kochlöffel langsam hin- und her bewegen. Nur ganz kurz aufkochen lassen und dann den Topf vom Feuer zurückziehen bzw. nur noch ein wenig erwärmen. Am Topfrand bildet sich nun die grünliche Molke. Stehen lassen, bis die Masse kalt wird, und dann durch ein dünnes Leinentuch (Stoffwindel) seihen. Das Leinentuch oben verknoten und in der Speisekammer abtropfen lassen.

Am Tag darauf nimmt man diesen »Quark« aus dem Leinentuch, fügt einen Esslöffel Zucker und saure plus süße Sahne bei, bis die Masse streichfähig ist. Zudem muss noch eine Messerspitze echter Safran hinein.

Das Ganze kommt auf einen dünn ausgewellten Hefeteig und wird ca. 1 cm dick aufgestrichen. Nach dem Backen Sultaninen, Zucker und Zimt darauf geben.

Hutzelbrot

Zwetschgen- und Birnenhutzel aufkochen und über Nacht in dem Sud stehen lassen.

Hefeteig mit Weißmehl oder Roggenmehl mit Hefel und Hefe nachmittags »anlassen«, abends Hutzeln, halbierte Haselnüsse und eventuell auch Welschnüsse plus ein bisschen Zimt, Nelke und Piment sowie einen kräftigen Schuss Zwetschgenschnaps hinzufügen und den Teig durchkneten. Über Nacht den Teig aufgehen lassen.

Am nächsten Tag, während des Backens, das Hutzelbrot immer wieder mit dem braunen Hutzelsud bepinseln. Dann wird das Brot schön glänzend.

Im Gegensatz zum Früchtebrot ist das Hutzelbrot wie ein richtiges Brot nicht so feucht und schmeckt super mit ein bisschen Butter drauf. Frau Lissi Ziegler fügt noch Sultaninen und eingemachten Kürbis sowie eventuell auch süß-saure Gurken in den Teig.

Manfred Kurz

Gasthof Zum Hirschen
Hauptstraße 15
74572 Blaufelden

Manfred Kurz, Jahrgang 1955, gehört zu den Protagonisten und Wegbereitern einer regionalen Küche, die den Gedanken des Terroirs auf angenehm unpatriotische Weise, dabei umso genussreicher in die Küchen trägt.

Seine Ausbildung erhielt er dafür in Württemberg, Baden, dem Elsass und dem Lyonnais und vor allem bei Eckart Witzigmann in München, der es wie kein anderer versteht, selbst einfachsten Grundprodukten, vorausgesetzt sie waren in frischer und erster Qualität verfügbar, höchste Genüsse zu entlocken.

Seit 1977 wirkt Manfred Kurz in seinem elterlichen Gasthof »Zum Hirschen« im hohenlohischen Blaufelden, nicht allein in der Küche, die dafür übrigens seit 22 Jahren ununterbrochen mit einem Michelinstern belohnt wird. Er unterstützt ein eigenes Erzeugerprogramm, das sich mit besonderer Hingabe fördernd den kleinbäuerlichen Betrieben seiner Heimat zuwendet; das ganze Jahr über tragen ihm so die Bauern, Gärtner, Jäger, Pilzsammler und Fischer heimische Produkte in frischester und höchster Qualität ins Haus.

Der Gastronomiekritiker Wolfram Siebeck lobt den Blaufeldener »Hirschen« als das meist wegweisende, und als eines der besten Gasthäuser in Deutschland.

Infos unter www.hirschen-blaufelden.de

Rezzo Schlauch

Rezzo Schlauch, Jahrgang 1947, ist von Beruf Rechtsanwalt und von Anfang an Mitglied bei den Grünen, für die er 1984 - 1994 Abgeordneter des Landtags Baden-Württemberg war und seit 1994 Abgeordneter des Deutschen Bundestages ist. Im Landtag engagierte er sich vor allem für eine ökologische Landwirtschaft und die Lösung von Problemen im ländlichen Raum. Seit dem baden-württembergischen Landtagswahlkampf von 1984 ist Rezzo Schlauch ein Zugpferd der GRÜNEN. Die Frankfurter Allgemeine Zeitung nannte ihn einen »Glücksfall«, weil er es fertig bringe, eine »eher linke, politisch bewusste Position mit Heimatverbundenheit und Traditionsbewusstsein in Einklang« zu bringen. Bei den Oberbürgermeisterwahlen in Stuttgart 1996 erreichte Schlauch in der Stichwahl 39,3 % und unterlag damit nur knapp einem CDU-Kandidaten. Seit 1998 ist Schlauch Vorsitzender der Bundestagsfraktion Bündnis 90/Die Grünen.

Ob bei der Ökowein-Präsentation in Freiburg oder der Jahresversammlung mittelständischer Brauereien: Schlauchs Plädoyer gibt immer den regionalen Erzeugnissen den Vorzug, sie sind unverwechselbare Produkte mit charaktervollem Geschmack. »Wer die Tradition erhält, erhält Vielfalt und Eigenständigkeit!«, so Schlauchs Überzeugung. In einer globalisierten Welt steht Schlauch für regionalisierte Kreisläufe ein. Schon immer setzt er sich mit Frische, Originalität, Unverwechselbarkeit und ökologischem Bewusstsein dafür ein, dass die Menschen die Sinne am Leben erhalten.

Mehr zu Rezzo Schlauch und seiner Politik finden Sie im Internet unter www.rezzo.de